Soziologie

Forum
der Deutschen Gesellschaft für Soziologie

Heft 4 • 2025

Herausgeberin im Auftrag von Konzil und Vorstand der Deutschen Gesellschaft für Soziologie:
Prof. Dr. Angelika Poferl (verantwortlich im Sinne des Presserechts)
Redaktion: Prof. Dr. Sylke Nissen und Dipl. Pol. Karin Lange, Universität Leipzig, Institut für Soziologie, Beethovenstraße 15, D-04107 Leipzig, Tel.: 0341/97 35 648,
E-Mail: soz-red@sozio.uni-leipzig.de (Redaktion) oder angelika.poferl@tu-dortmund.de (Angelika Poferl)

Vorsitzende der Deutschen Gesellschaft für Soziologie:
Prof. Dr. Monika Wohlrab-Sahr, Universität Leipzig,
Institut für Kulturwissenschaften, Beethovenstraße 15, D-04107 Leipzig
E-Mail: wohlrab@uni-leipzig.de, Tel.: 0341/ 973 5678
Geschäftsstelle der Deutschen Gesellschaft für Soziologie:
Marcel Siepmann (Leitung), DGS c/o Kulturwissenschaftliches Institut Essen, Goethestraße 31, D-45128 Essen, E-Mail: marcel.siepmann@kwi-nrw.de,
Tel.: 0201/1838 138, Fax: 0201/1838 232
Schatzmeisterin der Deutschen Gesellschaft für Soziologie:
Prof. Dr. Heike Delitz, Universität Regensburg, Fakultät Sprach-, Literatur-, Kulturwissenschaft, Altes Finanzamt, Landshuter Str. 4, D-93047 Regensburg, E-Mail: Heike.Delitz@ur.de

Aufnahmeanträge für die DGS-Mitgliedschaft und weitere Informationen unter www.soziologie.de

Die Zeitschrift SOZIOLOGIE erscheint viermal im Jahr zu Beginn eines Quartals. Redaktionsschluss ist jeweils acht Wochen vorher. Für Mitglieder der DGS ist der Bezug der Zeitschrift im Mitgliedsbeitrag enthalten. Beiträge in der SOZIOLOGIE werden über EBSCOhost Information Services sowie in den Bibliographien von De Gruyter: IBZ und IBR erfasst.

Campus Verlag in der Beltz Verlagsgruppe GmbH & Co. KG, Werderstr. 10, 69469 Weinheim, info@campus.de
Geschäftsführung: Marianne Rübelmann
Programmleitung: Dr. Judith Wilke-Primavesi
Anzeigenbetreuung: Claudia Klinger, Julius Beltz GmbH & Co. KG, Postfach 100154, D-69441 Weinheim, Tel.: 06201/6007-386, E-Mail: anzeigen@beltz.de
Fragen zum Abonnement und Einzelheftbestellungen: Beltz Medien-Service, Postfach 100565, D-69445 Weinheim, Tel.: 06201/6007-330, E-Mail: medienservice@beltz.de

Bezugsmöglichkeiten für Nichtmitglieder der DGS:
Jahresabonnement privat 78 €, Studierende / Emeriti 35 €
Jahresabonnement Bibliotheken / Institutionen 118 € print / 177 € digital (nach FTE-Staffel)
Alle Preise zuzüglich Versandkosten. Alle Preise und Versandkosten unterliegen der Preisbindung. Kündigungen des Abonnements müssen spätestens sechs Wochen vor Ablauf des Bezugszeitraums schriftlich mit Nennung der Kundennummer erfolgen.

Druck: Beltz Grafische Betriebe GmbH, Bad Langensalza
Beltz Grafische Betriebe GmbH ist ein Unternehmen mit finanziellem Klimabeitrag (ID 15985-2104-1001).
ISSN 0340-918X
www.campus.de

FSC www.fsc.org MIX Papier | Fördert gute Waldnutzung FSC® C089473

Inhalt

Berichte aus den Sektionen

Nachrichten aus der Soziologie

Liebe Kolleginnen und Kollegen,

Soziologinnen und Soziologen werden oftmals nach aktuellen und künftigen, gesellschaftlichen und wissenschaftlichen Herausforderungen gefragt. Die Kongressthemen des Jahres 2025 und des Jahres 2026 zeigen umfassend und facettenreich an, was damit gemeint sein könnte: »Transitionen« werden auf dem diesjährigen, 42. Kongress der Deutschen Gesellschaft für Soziologie an der Universität Duisburg-Essen, Campus Duisburg, verhandelt; um »Zukünfte der Gesellschaft« wird es im darauffolgenden Jahr auf dem 43. Kongress der Deutschen Gesellschaft für Soziologie an der Johannes Gutenberg-Universität Mainz gehen (ausnahmsweise finden die Veranstaltungen in zwei aufeinanderfolgenden Jahren statt). Auf dem diesjährigen Kongress in Duisburg sind Sie oder waren Sie vielleicht gerade, das Themenpapier zum nächsten Kongress in Mainz finden Sie in dieser Ausgabe.

Bei alldem sind ›quer‹ dazu liegende Problematiken zu fachgesellschaftlichen Anliegen geworden, die sich mit teils neuer, teils anhaltender Dringlichkeit stellen. Besondere Aufmerksamkeit zieht der Kampf um Wissenschaftsfreiheit auf sich, die weltweit akuten Gefährdungen ausgesetzt ist und die jetzt und für kommende Zeiten – auch öffentlich – verteidigt werden muss. Die prekäre Situation des wissenschaftlichen Nachwuchses ist und bleibt ein Thema, das sich aufdrängt. Fragen der Identität des Fachs, der Zukunft der Hochschulen, der Forschung, der Lehre und des Lernens sind stets relevant – nicht wenige treibt die Sorge um, dass wissenschaftliche Unabhängigkeit, Kreativität und Phantasie einem Übermaß an Anpassung und Stromlinienförmigkeit weichen, während zugleich die Zwänge des Wettbewerbs greifen. Nicht zuletzt gilt es, Multiparadigmatik und Multiperspektivität (nicht nur) der Soziologie als wissenschaftliche Stärke und Gewinn zu erhalten. Auch die Wertschätzung von Methodenvielfalt, die weit über ›Quanti versus Quali‹, divergierende Verständnisse von Evidenz, das Ringen um Gütekriterien oder Folgen der Digitalisierung hinausgeht, und die fachgesellschaftliche Repräsentanz unterschiedlicher Methoden gehören selbstverständlich dazu.

Die Lagen und Fragen sind komplex und entziehen sich allzu voreiligen, allzu vereinfachenden, allzu vereinnahmenden Antworten und Positionierungen. Die Fachgesellschaften der Soziologie hat dies vor kurzem in besonderer Weise eingeholt. Der Beschluss der International Sociologial Association (ISA), die Mitgliedschaft der Israelischen Soziologischen Gesellschaft (ISS) auszusetzen, hat den DGS-Vorstand dazu bewogen, eine Stellungnahme zu veröffentlichen, die sich ausdrücklich gegen diese Entscheidung der ISA und den (zeitweiligen) Ausschluss der israelischen Fachgesellschaft richtet und für den Erhalt eines offenen Diskurses plädiert. Die Stellungnahme hat aus den Reihen der DGS-Mitglieder viel Zustimmung erhalten. Es gab auch Einwände, die entweder ein Zuviel oder ein Zuwenig an Unterstützung kritisierten. Von internationalen Kolleginnen und Kollegen, auch aus Israel, seitens anderer nationaler Fachgesellschaften und der ISA wurde die Stellungnahme aufmerksam wahrgenommen. Sie finden den Text auf der Webseite der DGS und, in deutschsprachiger Version, auch in diesem Heft unter der Rubrik DGS-Nachrichten aufgeführt.

Die Hefte der SOZIOLOGIE spiegeln das Engagement und Interesse der Mitglieder wider. Sie stehen für die Breite des Fachs, die wissenschaftliche Seriosität, Reflexivität und Lebendigkeit des Austausches. Wir bedanken uns vielmals für die Vorschläge und Beiträge, die uns erreichen. Schreiben Sie uns, wir freuen uns!

Mit herzlichen Grüßen,
Angelika Poferl

Soziologie, 54. Jg., Heft 4, 2025, S. 413–447

Die Demokratie der Soziologie

Versuch über eine empfindliche Leerstelle der Disziplin

Jenni Brichzin

1. Demokratie als soziologisches Problem

Ein paar Worte genügen, und einmal mehr ist die halbe Welt in Aufruhr: Im Februar 2025, kurz nach seiner Rückkehr ins Weiße Haus, nennt der US-amerikanische Präsident Donald Trump seinen ukrainischen Amtskollegen Wolodymyr Selenskyj einen Diktator, im Wortlaut, »a dictator without elections«. Damit übernimmt er das Narrativ des russischen Präsidenten und de facto-Diktators Wladimir Putin, der nach kriegsbedingter Aussetzung der turnusgemäßen Präsidentschaftswahlen in der Ukraine 2024 die Legitimität Selenskyjs infrage stellt. Die Stoßrichtung ist klar: Trump möchte einen ihm unbequemen Politiker diskreditieren, indem er ihm vorwirft, das hohe Gut der Demokratie zu missachten. Und woran ließe sich solche Missachtung besser festmachen als an nicht abgehaltenen Wahlen?

Dieser Essay versucht sich an einer soziologischen Perspektive auf die alte Frage, was eigentlich Demokratie ausmacht, woran sie sich festmachen lässt. Denn die gängigen Antworten stammen vornehmlich aus der Politikwissenschaft, und das gilt auch für das von Trump aufgerufene Verständnis, das Demokratie an Wahlen engführt. Die These, die meiner Argumentation zugrunde liegt, lautet: Die Idee von Demokratie lässt sich gerade deshalb so leicht für autoritäre Zwecke instrumentalisieren, weil sie in ihrer gesellschaftlichen Fundierung und in ihren sozialen Wirkungen abstrakt bleibt – sie ist dem Alltagsverständnis also wenig zugänglich. Gängige Demokratieverständnisse zeichnen sich demnach dadurch aus, dass sie nicht in einem Verständnis von sozialen und gesellschaftlichen Prozessen fundiert sind. Man könnte sie als *sozialvergessen* bezeichnen.

An einem wahlzentrierten Demokratieverständnis lässt sich das illustrieren. Denn in einem solchen Verständnis treffen sich, vereinfacht gesagt, die zwei groben Orientierungslinien des politikwissenschaftlichen Nachdenkens über Demokratie (vgl. zum Beispiel Lembcke, Ritzi, Schaal 2012): *Normativ-idealistisch* steht Demokratie für die Inkraftsetzung des Volkswillens, der sich in periodischen Abstimmungen aktualisieren lässt. *Empirisch-prozeduralistisch* lässt sich Demokratie verstehen als eine Herrschaftsform, die in konkreten Verfahren immer wieder aufs Neue abgesichert werden muss. Doch die Wahl als Emanation des Volkswillens – in dessen emphatischer Anrufung seine Eigenschaft als höchst voraussetzungsvolle soziale Konstruktion untergeht (vgl. zum Beispiel Saward 2006) – bleibt sozial ebenso abstrakt wie die Identifikation von Demokratie mit bestimmten Sicherungsverfahren. Deren Spezifität und Sperrigkeit lassen sie fremd und künstlich wirken, wie das ganz Andere des gesellschaftlichen Alltags.

Dass sich Demokratie nicht mit Wahlen identifizieren und kaum unabhängig von sozialen Dynamiken begreifen lässt, zeigt sich auch an den Reaktionen auf Trumps Aussage. Kommentator:innen beeilen sich nämlich, auf den sozialen Kontext zu verweisen und verschiedentlich klarzustellen, dass ukrainisches Gesetz Wahlen unter geltendem Kriegsrecht verbietet; dass während des Zweiten Weltkriegs beispielsweise auch in Großbritannien die Parlamentswahlen ausgesetzt waren; und dass außerdem Wahlen unter aktuellen Bedingungen erhebliche Sicherheits- und Manipulationsrisiken mit sich brächten. Unter diesen spezifischen Bedingungen, so lässt sich also vermuten, würden Wahlen gerade *nicht* demokratiesichernd wirken, sie könnten antidemokratische Risiken sogar noch verstärken.

Was heißt es für unser Demokratieverständnis, wenn genau diejenigen Prinzipien oder Verfahren, die Demokratie doch eigentlich stabil fundieren sollen, unter bestimmten gesellschaftlichen Bedingungen gegenteilige Effekte haben? Dass die Berufung auf ›den Volkswillen‹ auch autoritär wirken kann, ist eine bekannte Einsicht aus der Populismusforschung (Mudde 2004: 561), und ein Blick in die Geschichte zeigt – etwa am Beispiel der Weimarer Republik –, dass Wahlen Demokratien destabilisieren können. Derart paradoxe Effekte sind allerdings keinesfalls auf Wahlen beschränkt. Jenen etwa, die die Aussetzung der ukrainischen Präsidentschaftswahlen unter Verweis auf gesetzliche Regulierungen verteidigen, ließe sich entgegenhalten, dass sich demokratische Einschränkungen gerade auch aus einer Hypertrophie von Rechtsstaatlichkeit entfalten kann (Manow 2024: 66); viele weitere Beispiele wären denkbar. Wie also theoretisch reagieren? Entweder, man hält an den gängigen Modellen fest und ergänzt sie um einen (vermutlich stetig zu erweiternden) Katalog von Ausnahmeregeln. Oder aber man legt die Betrachtung sozusagen eine Etage tiefer und versucht, Demokratie von ihren sozialen Mechanismen und gesellschaftlichen Dynamiken her zu begreifen. Dieser Essay plädiert für die zweite Option, und versucht damit etwas, womit sich die Soziologie bisher schwertut: Er nimmt eine genuin soziologische Perspektive auf Demokratie ein.

Im Folgenden begreife ich Demokratie nicht in engerem Sinne als ein bestimmtes politisches System oder eine bestimmte Konstellation politischer Institutionen – Wahlen, Parlamente, Gewaltenteilung und so weiter –, sondern in einem weiteren, gesamtgesellschaftlichen Sinne, als bestimmte Form sozialer Ordnung. Genauer noch spreche ich von Demokratie als *spezifischer Gesellschaftsformation, die ihre eigene Offenheit für Wandel auf Dauer stellt.* Soziologisch wird dieses Demokratieverständnis dadurch, dass es an basalen Prozessen der Genese sozialer Ordnung ansetzt. Soziale Ordnung als Ergebnis sukzessiver Institutionalisierungsprozesse besitzt immer das Potential und die Tendenz zu verhärten und zu verkrusten. Sie entwickelt also (mitunter massive) Widerstände gegen die eigene Änderung, die Änderung des Status quo (auch zum Besseren) – seien es nun bestimmte soziale (Handlungs-)Muster, die nicht anders denkbar, also in ihrer gegebenen Form essentialisiert sind; sei es das Verhältnis bestimmter sozialer Gruppen, das gesellschaftlich dauerhaft festgestellt wird (vgl. Brichzin, Laux, Bohmann 2022: 22 ff.). Diesen Übergang von der Institutionalisierung zur änderungsresistenten Fixierung der Verhältnisse nenne ich, in einem generalisierten Verständnis des Begriffs (vgl. Weber 1922: 42 f.), *soziale Schließung.* Gemäß der obigen Bestimmung zeichnen sich Demokratien dadurch aus, dass sie entsprechenden Schließungstendenzen systematisch entgegenwirken. Sie stellen ihre eigene Offenheit für Wandel (der sich durch ganz vielfältige soziale Impulse auslösen lässt) auf Dauer.

Ein derart offenheitszentrierter Zugang ist nicht neu. Um ihn zu stützen, könnte man sich auf ganz unwahrscheinlich wirkende Allianzen berufen – von John Dewey über Karl Popper, Jacques Derrida und Hannah Arendt bis zu Richard Rorty oder auch Jürgen Habermas, um nur einige Beispiele zu nennen. Bei allen Genannten taucht der Gedanke auf, dass demokratische ›Volksherrschaft‹ nicht vor allem *unmittelbar*, also direkt im Sinne der Mitbestimmung, Partizipation und Repräsentation zu denken ist. Popper etwa wendet sich in »Die offene Gesellschaft und ihre Feinde« explizit gegen den Glauben, »daß sich die Demokratie durch das sinnlose Prinzip ›das Volk soll regieren‹ […] erschöpfen« ließe (Popper 1957: 250). Stattdessen wird ›Volksherrschaft‹ *mittelbar* konzipiert. Demokratie als spezifische »Form des Zusammenlebens« (Dewey 2011: 121) zeichnet sich demnach im obigen Sinne dadurch aus, dass gesellschaftliche Prozesse aktiv offengehalten werden – für potentielle Einflussnahmen, für Revision und Neugestaltung des Bestehenden, mit anderen Worten: für die Beteiligung des ›Volks‹ an der Herrschaft im Sinne eines grundsätzlichen Potentials für politische Gestaltung von verschiedenen Seiten und auf verschiedenen Wegen (vgl. Bohmann 2020: 191). Oder, wie Arendt formuliert, für die Möglichkeit, einen »Neuanfang« zu machen (Arendt 1993: 49). Dabei stehen die hier aufgerufenen Demokratieverständnisse natürlich in sehr unterschiedlichen theoretischen Kontexten und führen je eigene Konnotationen mit sich. Für meine Zwecke ist nur entscheidend, dass eine solche Perspektive auf Demokratie – auf die sich immerhin viele soziologienahe Theoretiker:innen zumindest in Grundzügen hätten einigen können! – viele Möglichkeiten für soziologische Untersuchung und Kritik eröffnet.

Dem gehe ich im Folgenden in drei Schritten nach. Im ersten Schritt werfe ich einen näheren Blick darauf, wie Demokratie in soziologischen Debatten bisher auftaucht. Im konzeptuellen Sinne markiert der Begriff eine Leerstelle, dennoch enthalten sich natürlich auch Soziolog:innen nicht vollständig seiner Nutzung. Es geht also zunächst darum, diese Leerstelle näher zu charakterisieren. Demnach wird Demokratie soziologisch vor allem auf vier Arten verwendet: als *Grußwort-Konzept*, als *Sekundär-Konzept*, in *ungleichheitstheoretischem* oder in *anti-institutionalistischem* Sinne (Abschnitt 2). Anschließend werfe ich im zweiten Schritt einige Schlaglichter auf die Geschichte der Ausgestaltung von Demokratie von der Antike über die Revolutionszeit bis in die Gegenwart. Demokratisierung tritt dabei vor allem als Entwicklung komplexer *Ensembles institutionalisierter Mechanismen der Prävention sozialer Schließung* in Erscheinung – Mechanismen, die in ganz verschiedenen Dimensionen sozialer Ordnung wirksam werden, also nicht nur auf der Ebene klassischer politischer Institutionen und auch nicht im Sinne eines kohärenten Systems (Abschnitt 3). Im abschließenden dritten Schritt skizziere ich schließlich, inwiefern Demokratie sich gesellschaftstheoretisch, also als spezifische *Gesellschaftsformation* begreifen lässt. Als solche entsteht sie nicht aus der substantiellen Bindung an einige spezielle politische Institutionen, sie emergiert aus dem Zusammenwirken relevanter Mechanismen, die im obigen Sinne offenheitskonstituierend wirken (Abschnitt 4).

2. Wie Demokratie in der Soziologie auftaucht

Die Soziologie hat also ein Problem mit Demokratie. Nicht ihre Vertreter:innen persönlich versteht sich; von ihnen leben wohl die meisten doch ganz gerne in demokratischen Verhältnissen (beziehungsweise würden das gerne tun). Wer jedoch versucht, demokratische Ordnungen nicht nur privat, sondern auch soziologisch als gesellschaftliche Formation, die einen sozialen Unterschied macht, ernst zu nehmen, kann schon mal zu hören bekommen: Das sei ja alles schön und gut, aber letztlich müsse man sich bewusst sein, dass man sich damit auf normatives Pflaster begebe. Auf *gefährlich* normatives Pflaster soll das heißen.[1]

Meine Argumentation setzt bei der Feststellung an, dass Demokratie eben nicht ›nur‹ normativ relevant ist – als kontrafaktisch stabilisiertes, ideelles Orientierungsmuster (vgl. Luhmann 2002: 366) –, sondern sich als gesellschaftliche Formation unmittelbar auf den sozialen Prozess auswirkt. Es besteht ja ausreichend (historische und aktuelle) Erfahrung mit autoritären Verhältnissen, um sagen zu können: Wo sich Demokratie auflöst, wo die Verhältnisse ins Autoritäre kippen, ist das nicht nur irgendwie politisch bedauerlich, aber weiter folgenlos. Diese Transformation betrifft Gesellschaft als Ganze. Das gilt übrigens nicht zuletzt für funktionale Differenzierung, wie etwa Rudolf Stichweh und Anna Ahlers argumentieren: »a built-in feature of modern democracy is an inherent acceptance of both functional differentiation as the fundamental structure of society and a tendency towards the self-restriction of the decision space that a political collectivity claims as its own« (Stichweh, Ahlers 2021: 214). Gegenwärtig lässt sich entsprechend vielfach beobachten, dass autoritäre Gesellschaften mit einigem Erfolg dazu tendieren, auf verschiedene Systembereiche, wie etwa Recht, Wissenschaft und Massenmedien, politisch durchzugreifen. Fest steht jedenfalls, dass Gesellschaft jenseits von Demokratie eine andere wäre, und dass Soziologie das erfassen können sollte.

Es gibt wohl mehrere Gründe dafür, dass Demokratie soziologisch randständig bleibt. Einen der wichtigsten vermute ich in der Blindheit gegenüber dem *Status quo* der eigenen Zeit – ein Leiden, das die Soziologie zwar scharfsichtig zu diagnostizieren weiß, vor dem sie aber selbst nicht recht gefeit ist. Kritische Theorie etwa weist darauf hin, wie sich der Status quo unkontrolliert ins Denken einzuschreiben vermag und dadurch perpetuiert (Horkheimer

---

1 Im Gegensatz übrigens zu Formationskonzepten wie der funktionalen Differenzierung, die als rein analytische Konzepte bar jeder Normativität imaginiert werden.

1992). Im Falle der Demokratie könnte sich die Sache dagegen umgekehrt verhalten. Ihre Selbstverständlichkeit als Hintergrund des eigenen Lebens und Forschens scheint sie wie von selbst den analytischen Kategorien auszutreiben (vgl. Koschorke 2018: 112). Demokratie entzieht sich dem Blick (und der Theorie), gerade weil sie wirkt.

Oder haben wir es gar mit einer aktiven konzeptuellen Verdrängung zu tun? Ihre allgemein gewordene gesellschaftliche Affirmation (Held 1996: 1) lässt Demokratie als *Common Sense* erscheinen, dem Soziolog:innen typischerweise skeptisch begegnen; ihre normative Stellung bringt Demokratie so in Ideologieverdacht, dem es kritisch nachzugehen gilt. Vielleicht ist es überhaupt der *Bias* einer sich selbst als *kritisch* begreifenden Disziplin, der zwar vermeintlich ›neutrale‹ (zum Beispiel funktionale Differenzierung) oder als genuin problematisch erachtete Phänomene (zum Beispiel Kapitalismus) als Angelpunkt von Gesellschaftstheorie zulässt. Demokratie dagegen kommt – positiv besetzt, wie sie derzeit nun einmal (immer noch) ist – für diesen theoretischen Posten nicht infrage. Wo läge schließlich der systematische Bezugspunkt der Kritik herrschender Verhältnisse?

Eine vergleichsweise profane Erklärung für die soziologische Enthaltsamkeit gegenüber der Demokratie wäre wohl eine disziplinpolitische, denn solche Enthaltsamkeit kann auch als Reaktion auf die konzeptuelle Prominenz der Demokratie in der Politikwissenschaft gedeutet werden. Im Ringen um disziplinäre Abgrenzung wird Demokratie demnach zum Grenzstein: Dort die Politikwissenschaft, skeptisch als bloße Reflexionstheorie des politischen Systems beäugt (Luhmann 1981: 288), die schlicht den Deutungen der Akteure zu folgen scheint. Hier dagegen die Soziologie, die einer derartigen, als normativ problematisierten Betrachtung, die Analyse *eigentlicher* Verursachungszusammenhänge entgegenzusetzen meint. Am Umgang mit Demokratie zeigt sich der disziplinäre Grenzstreit besonders deutlich.

Wie auch immer, Demokratie markiert eine konzeptuelle Leerstelle in der Soziologie. Damit soll aber nicht gesagt sein, sie käme in der soziologischen Literatur überhaupt nicht vor. Insbesondere in vier Verwendungsweisen taucht Demokratie dort durchaus regelmäßig auf: als Grußwort-Konzept, als Sekundär-Konzept, in ungleichheitstheoretischem und anti-institutionalistischem Sinne. Ich skizziere diese Verwendungsweisen nun folgend anhand von Beispielen. Vorwegnehmen möchte ich allerdings, dass es mir damit nicht um eine grundsätzliche Kritik daran geht. Das Problem entsteht nicht dadurch, dass Demokratie in den nun zu skizzierenden Arten und Weisen soziologisch in Anspruch genommen wird, sondern dadurch, dass die Inanspruchnahme fast ausschließlich in diesen Formen erfolgt. So entsteht die Lücke. Die Reflexion gängiger Verwendungsweisen soll in diesem Sinne helfen, die Konturen der bisher vor allem postulierten Leerstelle zu klären. Und sie soll Ausgangspunkt sein, um zu zeigen, inwiefern ein offenheitszentriertes Demokratieverständnis über diese Verwendungsweisen hinausgeht.

a) Demokratie als Grußwort-Konzept

Seit der ersten Amtszeit Trumps häufen sich auf Demokratie bezogene Krisen- und Verfallsdiagnosen (Levitsky, Ziblatt 2018; Runciman 2018), begleitet von Aufrufen zur Sorge, Appellen zum Handeln oder, seltener, Plädoyers für mehr Gelassenheit. Die Soziologie kann sich diesem Krisendiskurs nicht entziehen, weshalb Bezüge zu entsprechenden Debatten vermehrt auch in soziologischen Texten auftauchen.

Wo dies der Fall ist, wird Demokratie allerdings nur selten zum substanziellen Bestandteil der Untersuchung – sei es als analytisches Konzept, mit dem man ernsthaft ringt, sei es als Gegenstand, dem man mühevoll Erkenntnis abzutrotzen sucht. Stattdessen taucht Demokratie hier ähnlich auf, wie man es mitunter von politischen Grußworten und Adressen kennt: Hehre Ideale und große Herausforderungen werden angerufen, bevor man anschließend wieder recht nahtlos zum sehr viel profaneren Alltagsgeschäft übergeht. Diese Art der Adresse kann wichtige Funktionen erfüllen, mit der tatsächlichen Praxis hat sie allerdings häufig wenig zu tun. Das typische Habitat von Demokratie im Sinne eines Grußwort-Konzepts sind Einleitungen und Schlusskapitel. Hier dient der Begriff – in der Version ›wie man Demokratie eben kennt‹ mit ihren Wahlen, ihrem parlamentarischen Prozess, ihrer Gewaltenteilung und so weiter – als fixer normativer Bezugspunkt, der der Untersuchung Relevanz verleiht. Demokratie wertet so die Bedeutung der eigenen Überlegungen auf, hat sonst aber wenig Einfluss auf die Argumentation.

Mal steht Demokratie dabei im Zentrum der Relevanzerzeugung, mal wird der Verweis auf die bedenkliche Situation von Demokratie aber auch eher beiläufig integriert. Als Beispiel für letztere Verwendungsweise ließe sich etwa Eva Illouz' Buch »Explosive Moderne« heranziehen, in dem sie die westliche Moderne auf ihre Emotionsstrukturen hin befragt. Solche Emotionsstrukturen lassen sich offenbar auch in Zusammenhang mit dem Umstand bringen, »dass sich die soziale Demokratie, für die in den vergangenen 200 Jahren so hart gekämpft worden ist, im Niedergang befindet«

(Illouz 2024: 23). Manchmal wird der gegenwärtige Krisendiskurs aber auch aufgerufen, um ihn mit sicherer Hand als Missverständnis des *Common Sense* entlarven zu können. Diese Tendenz zeigt sich etwa in Andreas Reckwitz' »Das Ende der Illusionen« (2019), wo Krisenwahrnehmungen und Desillusionierung als Folge des Verkennens der eigentlichen Ursachen – insbesondere kulturell fundierter Klassenkämpfe – gedeutet werden.

b) Demokratie als Sekundär-Konzept

Während Demokratie im Grußwort-Modus theoretisch keine Rolle spielt, tritt sie in Form des Sekundär-Konzepts zumindest als theoretische Kategorie auf. Wie der Name schon vermuten lässt, gelangt Demokratie allerdings nicht über die zweite theoretische Reihe hinaus. Typischerweise findet sich eine solche Verwendung in Gesellschaftstheorien mit einem gewissen Allgemeinheitsanspruch. Diese Theorien können Demokratie in ihrer Modellierung nicht völlig ignorieren, gleichzeitig sprechen sie ihr aber eine grundlegende Bedeutung für die gesellschaftliche Funktionsweise ab.

Beispiele für diese Art der Begriffsverwendung sind *Differenzierungstheorien* wie die Luhmannsche Systemtheorie oder marxistisch inspirierte *Theorien der kapitalistischen Gesellschaft*. Luhmann etwa mokiert sich gerne ein wenig über jene, die Gesellschaft von Demokratie her denken. Er ist (wie nach ihm Reckwitz im obigen Beispiel) der Ansicht, dass die tatsächlichen Bedingungsverhältnisse auf diese Weise verkannt werden. Demokratie ist ihm in erster Linie Legitimationsformel, ist »Semantik der Selbstbeschreibung des [politischen] Systems« (Luhmann 2002: 115). In zweiter Linie weist Luhmann der Demokratie aber dennoch einen Platz als relevante Strukturlogik zu – wenn dieser Platz im Kosmos seiner Theorie der funktional differenzierten Gesellschaft auch eher unter ›ferner liefen‹ verbucht werden kann. Demokratie ist demnach der Name für die spezifische »Recodierung« (ebd.: 97) der spezifischen Systemlogik Macht haben/nicht haben im Sinne der »Kontingenzcodierung« Regierung/Opposition. Eine solche Entzauberung von Demokratie lässt sich als Teil des Luhmannschen Programms »soziologischer Aufklärung« verstehen.

Theorien, die Gesellschaft vom Kapitalismus her denken, treffen sich mit Differenzierungstheorien (so unterschiedlich sie sonst sind) dort, wo beide Denkrichtungen die Bedeutung von Demokratie relativieren. Geht man davon aus, dass Gesellschaften primär über die herrschenden ökonomischen Verhältnisse zu begreifen sind, und dass die gegenwärtige Gesellschaft vor allem von einer kapitalistischen Produktionslogik angetrieben wird, so bleiben für Demokratie, grob gesagt, nur sehr spezifische theoretische Positionen am Rand übrig (vgl. zum Beispiel Poulantzas 2002) – entweder als Überbau- beziehungsweise Oberflächenphänomen, das nicht an die tatsächliche Funktionsweise der Gesellschaft heranreicht und möglicherweise sogar dezidiert undemokratische Verhältnisse festigt und stützt. Oder als normatives Ideal, das es zwar anzustreben gilt, von dessen tatsächlicher Verwirklichung in der Gegenwart allerdings noch keine Rede sein kann. So oder so, Demokratie bleibt sekundär.

c) Ungleichheitsforschung für Demokratie

Der Fokus auf ökonomische Verhältnisse kann also Demokratie zum soziologischen Nebenschauplatz machen. Umgekehrt kann er aber auch eine Perspektive eröffnen, die Demokratie stärker ins Zentrum rückt: Forschung zu Entstehung, Reproduktion und Wandel sozialer Ungleichheit versteht sich oft selbst als Beitrag zum Verständnis und zur Förderung demokratischer Gesellschaft – schließlich basiert Demokratie, so die Überlegung, auf der Idee der Gleichheit. Wer also dazu beiträgt, verfestigte Ungleichheitsstrukturen (ob materiell oder immateriell) offenzulegen, trägt demnach automatisch auch zum Verständnis der Faktoren bei, die eine volle Verwirklichung von Demokratie verhindern.

Ein gutes Beispiel für eine solche Verwendungsweise des Begriffs ist Stephan Lessenichs Buch »Grenzen der Demokratie. Teilhabe als Verteilungsproblem«. Hier bestimmt Lessenich in bekannter Anspielung die »Geschichte aller bisherigen Demokratie« als »im Kern eine Geschichte der Klassenkämpfe« (2019: 22), und er zeichnet die Exklusionsformen nach, die sich aus den daraus resultierenden Ungleichheitsstrukturen ergeben – »oben gegen unten«, »innen gegen außen«, »Hinz gegen Kunz« (ebd.: 5). Zugrunde liegt dem ein klassisches, und wie zuvor expliziert, *unmittelbares* Verständnis demokratischer Volksherrschaft im Sinne von Mitbestimmung, Partizipation und Teilhabe. Der ungleichheitstheoretische Zugang hat entsprechend nicht den Anspruch, ein eigenständiges Demokratieverständnis zu entwickeln. Doch er stellt die Frage sozialer Ungleichheit ins Zentrum der Demokratieforschung: Sozioökonomische Gleichheit, mithin der Kampf gegen gruppenbezogene Schließungsprozesse, ermöglicht demnach überhaupt erst demokratische Selbstregierung.

d) Demokratie jenseits der Institutionen

Auch die vierte soziologische Verwendungsweise von Demokratie rückt in gewisser Weise Teilhabe, Partizipation und Mitwirkung in den Vordergrund. Doch sie verortet Demokratie gerade nicht in den bestehenden gesellschaftlichen (Gleichheits-)Strukturen. Sie sucht das Demokratische jenseits fixer Institutionen (vgl. Lamla 2021: 289) in der je konkreten Praxis und den *Doings* der Akteure.

Ein solcher Zugang speist sich oft aus theoretischen Perspektiven, die man als *politische Theorien des Sozialen* charakterisieren könnte (Séville 2025). Gegenüber Theorien, die die Stabilität gesellschaftlicher Ordnung betonen, begreifen politische Theorien des Sozialen den gesellschaftlichen Prozess als Ergebnis permanenter Verschiebungen, Aushandlungen, Neuformierungen. Zwei prominente Beispiele für derart politisch fundierte Sozialtheorien sind zum einen *radikaldemokratische* Ansätze im Anschluss an Ernesto Laclau und Chantal Mouffe, zum anderen Zugänge aus dem Bereich der *Science and Technology Studies*, wie sie etwa mit Bruno Latour (2004) verbunden werden. Mit Laclau und Mouffe (2001) rücken dabei vor allem diskursive Praktiken antagonistischer Subversion hegemonialer Politik in den Fokus. Latour stellt im Gegensatz dazu auf Momente und Prozesse der Verbindung und Hybridisierung scharf, die tradierte Ontologien überschreiten. Beiden Ansätzen ist die Verortung des Demokratischen gemein – man möchte es tendenziell jenseits etablierter politischer Verfahren und Prozesse entdecken (siehe aber zum Beispiel Dányi 2020), etwa in den staunenswerten Alltagspraktiken der Akteure.

Insofern derartige Betrachtungsweisen politische Festschreibungen und Verkrustungen, also soziale Schließung als potenzielles Demokratieproblem behandeln, sind sie verwandt mit der in diesem Text entwickelten Perspektive: Demokratie ist, wo Gesellschaft *offen* ist für praktisch-diskursive Interventionen. Allerdings interessieren sich die genannten Zugänge, die man etwas überspitzt *anti-institutionalistisch* nennen könnte, nur am Rande für die Frage, wie sich solche *Offenheit auf Dauer stellen* ließe (siehe aber zum Beispiel Herrmann, Flatscher 2020). Meist übt man sich in bewusster Abstinenz, was die Auseinandersetzung mit der Institutionalisierung von Demokratie angeht. Das trifft auch für theoretische Festlegungen zu: Den Akteuren (oder den Diskursen) folgend (Latour 2010: 28) schickt man sich an, Demokratie von Grund auf neu begreifen zu wollen. Ausgangspunkt dieser Art von Demokratieforschung ist die künstlich weiße Leinwand, *Tabula rasa.*

Diese vier Verwendungsweisen – Grußwort- und Sekundär-Konzept, ungleichheitstheoretische und anti-institutionalistische Zugänge – bilden das zentrale Repertoire des gegenwärtigen soziologischen Umgangs mit Demokratie. Es dürfte deutlich geworden sein, dass die ersten beiden dieser Verwendungsweisen der Demokratie eine konzeptuell bloß marginale Rolle zuweisen. Dadurch unterschätzen sie, wie oben argumentiert, die gesamtgesellschaftliche Bedeutung demokratischer Ordnung – ein Umstand, der sich vielleicht am Kipppunkt zu autokratischen Ordnungen am deutlichsten zeigt. Vor diesem Hintergrund ist schwer einzusehen, warum nicht auch dem Konzept der Demokratie, analog etwa zu den Konzepten Kapitalismus oder funktionale Differenzierung, potentiell das gesellschaftstheoretische Primat zukommen könnte. In diesem Sinne zementieren Grußwort- und Sekundär-Konzept-Verständnisse die soziologische Leerstelle in Sachen Demokratie eher noch, als dass sie sie füllen helfen.

Aber was ist mit dem zweiten Paar Verwendungsweisen, also ungleichheitstheoretischen und anti-institutionalistischen Zugängen zu Demokratie? Aus einer offenheitszentrierten Perspektive sind beide interessant, denn beide setzen sich, wenn auch auf sehr unterschiedliche Weise, mit Prozessen sozialer Schließung[2] auseinander. Wo erstere auf gruppenbasierte (beziehungsweise klassenbasierte) Schließungsprozesse scharfstellen, die aus ungleichen sozioökonomischen Verhältnissen resultieren, problematisieren letztere fixe soziopolitische Strukturen, wie sie sich in politischen Institutionen manifestieren. Beide verweisen so auf wichtige *Dimensionen demokratischer Ordnung*, die in Bezug auf die Herstellung gesellschaftlicher Offenheit relevant sind. Zugleich greifen aber auch beide zu kurz: Sie nehmen jeweils nur *eine* der relevanten Dimensionen in den Blick.

In diesem Abschnitt habe ich mich auf das Bild der Demokratie im Spiegel der Soziologie konzentriert. Im folgenden Abschnitt wende ich mich nun einigen wichtigen Stationen der Geschichte der Demokratisierung zu. Dabei wird sich zeigen, dass sich die Geschichte der Demokratisierung sehr gut als Geschichte der Entwicklung, Weiterentwicklung und Konsolidierung von Mechanismen zur Prävention sozialer Schließung lesen lässt. Derart demokratische Innovativität zeigt sich dabei gerade nicht in einer einzelnen Dimension demokratischer Ordnung, wie das aus ungleichheitstheoretischer oder anti-institutionalistischer Perspektive erscheinen mag. Das voraussetzungsreiche Unterfangen, gesellschaftliche Offenheit auf Dauer zu stellen, wird, wo es erfolgreich ist, immer in mehreren Dimensionen zugleich angegangen.

2 Im obigen Sinne als änderungsresistente Fixierung des Status quo verstanden.

3. Demokratische Mechanismen am historischen Beispiel

Meine These lautet also: Die Geschichte der Demokratisierung lässt sich als Geschichte der Institutionalisierung von *Mechanismen zur Prävention sozialer Schließung* begreifen. Diese Mechanismen bilden sich dabei vor allem in zentralen Dimensionen demokratischer Ordnung heraus. Um diese These zu belegen, ist sicherlich eine sehr viel genauere historische Reinterpretationsarbeit erforderlich, als ich sie an dieser Stelle leisten kann. Mit einem kurzen Durchgang durch wichtige Stationen der Geschichte der Demokratisierung von der antiken Demokratie Athens über demokratische Revolution und Konsolidierung in der US-amerikanischen Massendemokratie bis zum Parlamentarismus der Nachkriegszeit und darüber hinaus bis in die Gegenwart gelingt es aber hoffentlich, die These zumindest plausibel zu machen.

Gegenüber der wohl populärsten Deutung von Demokratiegeschichte im *unmittelbaren* Sinne einer Durchsetzung von Selbstregierung hatte ich ja bereits soziologische Einwände geltend gemacht. Ein solches Verständnis ist immer kontrafaktisch überladen (vgl. Habermas 1992: 679), was sich nicht zuletzt darin äußert, dass das unerreichbare Ideal der Durchsetzung des ›Volkswillens‹ empirisch häufig als Unzufriedenheitsgenerator wirkt (und dadurch natürlich auch eine demokratische Funktion erfüllen *kann*). Das unmittelbare Demokratieverständnis funktioniert nur in *Einklammerung* der Logik sozialer und gesellschaftlicher Prozesse und lässt sich entsprechend, wie in der Einleitung formuliert, als sozialvergessen begreifen. Daher hatte ich für ein soziologisch gesättigtes Verständnis plädiert, das Demokratie nur *mittelbar* als ›Volksherrschaft‹ begreift, indem es darauf fokussiert, wie sich durch ein Auf-Dauer-Stellen gesellschaftlicher Offenheit das grundsätzliche Potential für die politische Neugestaltung von unterschiedlichen Seiten und auf verschiedenen Wegen (ergo durch ›das Volk‹) bereithalten lässt (vgl. Luhmann 2002: 84). Man kann sich dann einfach empirisch dafür interessieren, welche Formen der soziale/politische/gesellschaftliche Prozess hervorgebracht hat, um der sozialen Tendenz zur Verhärtung, zur Verkrustung, zur Essentialisierung gesellschaftlicher Verhältnisse zu begegnen. Mit anderen Worten: In den empirischen Fokus treten schließungsvorbeugende Mechanismen – verstanden nicht einfach als Vehikel der soziologischen Erklärung (vgl. Hedström, Swedberg 1998), sondern als soziale Formen, die gezielt an Hebelpunkten für die Erzeugung und Reproduktion demokratischer Ordnung ansetzen.

Wo lassen sich solche Hebelpunkte finden? Oder, an die Eingangsüberlegungen anschließend gefragt, welche Dimensionen demokratischer Ordnung sind es also, in denen derart demokratisch relevante Mechanismen ansetzen können? Die vorangegangenen Erörterungen legen zunächst einmal insbesondere drei solcher Dimensionen nahe, im Verlauf der historischen Betrachtung werden noch zwei weitere Dimensionen hinzukommen.

Sozioökonomische Ungleichheitsverhältnisse: Die soziologische Ungleichheitsforschung verweist auf ein zentrales Problem »offener Gesellschaft« (Popper 1957). Unterscheiden sich die Lebenschancen gesellschaftlicher Gruppierungen sehr stark, und sind damit auch die Chancen zur politischen Mitgestaltung sehr unterschiedlich verteilt, stellt das für demokratische Ordnungen ein Problem dar. Man hat es hier mit sozialer Schließung im engeren (und geläufigeren) Sinne zu tun, wie sie auf Max Weber zurückgeht (Mackert 2004): Es handelt sich um eine Form der Verhärtung des gesellschaftlichen Status quo, die mit unterschiedlicher sozioökonomischer Ressourcenausstattung im Zusammenhang steht und in Exklusionsprozessen resultiert.

Strukturen der Zivilgesellschaft/Öffentlichkeit: Anti-institutionalistische Perspektiven auf Demokratie lenken den Blick auf die demokratische Bedeutung von Gesellschaft jenseits politischer Institutionen wie Regierung, Parlament und Staat. Diese Verschiebung des Blickwinkels ist natürlich nicht völlig neu. Hauptsächlich radikalisiert sie noch einmal Perspektiven (meist stärker politikwissenschaftlich genutzt), die die Fundierung von Demokratie jenseits des politischen Systems verorten, etwa in der Zivilgesellschaft (Adloff 2005) oder der Öffentlichkeit (Habermas 1992). Sie interessieren sich insbesondere für die demokratieförderliche Formation jener Sphären – aus einer offenheitszentrierten Perspektive auf Demokratie kommt es dabei vor allem auf die Prävention sozialer Schließung im oben skizzierten, weiteren Sinne an.

Politische Institutionen: Trotz aller anti-institutionalistischer Kritik spielen aber selbstverständlich auch politische Institutionen eine wichtige Rolle im Rahmen der Hervorbringung und Stabilisierung demokratischer Ordnungen. Sie sind nicht bloß die Schließungsmaschinen, als die sie manchmal etwa von radikaldemokratischer Warte aus erscheinen mögen (vgl. zum Beispiel Martinsen 2019). Die liberale Tradition etwa betont gerade die Präventionsleistung bestimmter Institutionen gegenüber der Einschränkung individueller Handlungsmöglichkeiten und damit gegenüber der Schließung des sozialen Möglichkeitsraums. Zu solchen Abwehrinstitutionen zählt die liberale Demokratietheorie etwa die Institutionen der Gewaltenteilung und der Rechtsstaatlichkeit (zum Beispiel Held 1996: 74 ff.).

Die folgenden historischen Beispiele sollen nun illustrieren, dass die Durchsetzung einer demokratischen Ordnung nicht an einer einzelnen dieser Dimensionen hängt. Historisch scheint sie immer das Ergebnis der Institutionalisierung eines *Ensembles* von Mechanismen zur Prävention sozialer Schließung gewesen zu sein, das über verschiedene Dimensionen hinweg zusammenwirkt und kein kohärentes System ergibt. In diesem Sinne versteht sich die hier skizzierte Perspektive auch nicht so sehr als innovativ in Abgrenzung zu verwandten Sichtweisen, für die das Auf-Dauer-Stellen von Offenheit ebenfalls eine zentrale Rolle spielt. Sie begreift sich vor allem als *integrativ*, denn sie nimmt das Zusammenwirken entsprechender Mechanismen in verschiedenen Dimensionen demokratischer Ordnung in den Blick, die sich auch gegenseitig gegen paradoxe Schließungsprozesse absichern. Der historische Streifzug beginnt in der attischen Demokratie der Antike.

3.1 Der Prototyp: Demokratie im antiken Griechenland

Soll Grundlegendes über Demokratie gesagt werden, so versetzen sich Politikwissenschaftler:innen gerne in eine Zeit, die Soziolog:innen in der Regel weit weniger geläufig ist: in die Antike, zu den griechischen Stadtstaaten und insbesondere in die attische Demokratie (Held 1996: 13 ff.). Mit der Volksversammlung (*Ekklesia*) als zentralem Entscheidungsorgan, an dem mehrmals im Monat Tausende volljährige männliche Bürger teilnahmen – und dabei *Isegoria* ausüben konnten, also das jedem dieser Bürger zustehende Recht, in der Versammlung zu sprechen – wird dem Athen des 5. Jahrhunderts vor Christus gerne eine besondere Stellung zugeschrieben. Nämlich als derjenige Ort, der historisch einer Verwirklichung der Idee der Selbstregierung am nächsten kommt, unerreichbar für heutige Massendemokratien.

Die Zentralstellung der *Ekklesia* verdeckt häufig, wie viele weitere demokratische Einrichtungen die Athener(:innen) darüber hinaus kannten. Eine der bekanntesten ist dabei vermutlich das Scherbengericht (*Ostrakismos*). Hier konnten Männer, die der Mehrheit der Athener Bürger zu mächtig vorkamen, per Abstimmung (qua Scherbe) für bis zu zehn Jahre ins Exil verbannt werden. Dem Historiker Moses Finley zufolge lässt sich das seltsam Anmutende, die »apparent oddity« (1973: 26) solcher Einrichtungen erklären, wenn man den damaligen soziopolitischen Kontext in Rechnung stellt.

Meine Gegenthese lautet: Diese institutionellen Formen erscheinen uns vor allem deshalb seltsam, weil wir sie auf der Basis des Schematismus demokratischer Selbstregierung interpretieren. Finley, ein ausgewiesener Kenner antiker gesellschaftlicher und politischer Strukturen, nutzt zwar selbst dieses Schema, weist aber zugleich darauf hin, dass es den Athenern – weit über die Frage der richtigen Regierung hinaus – um Fragen der guten Einrichtung des gesellschaftlichen Lebens gegangen sei (ebd.: 5). Um dies zu erreichen, hätten sie enorme Kreativität bei der Erfindung verschiedener »institutional devices« (ebd.: 26) und »mechanics« (ebd.: 27) an den Tag gelegt. Die Auseinandersetzung mit der attischen Demokratie greift entsprechend zu kurz, wenn sie allein die Volksversammlung im Blick hat.

Der Ostrakismos ist ein gutes Beispiel. Erkennbar ist er nicht vor allem auf Selbstregierung hin entwickelt, sondern war als Schutz vor der Verfestigung ungleicher Machtchancen gedacht – bis hin zur *Tyrannis*, vor der man begründetermaßen in Sorge war. In diesem Sinne lässt er sich der demokratischen Ordnungsdimension soziopolitischer Ungleichheitsverhältnisse zuordnen.[3] Hatte also das Scherbengericht einmal getagt, wurde die auf diesem Weg verurteilte Person durch die Exilierung zwar nicht um ihre materielle Machtbasis gebracht (Vermögen und Eigentum blieben erhalten). Sehr wohl aber wurde durch die Herstellung sozialer Distanz, durch Netzwerkunterbrechung die *soziale* Machtbasis des Verurteilten eingeschränkt. Ein ingeniöses Mittel zur Prävention einer bestimmten Form von sozialer Schließung war ersonnen. Auch wenn es Einzelne traf, zielte der Ostrakismos doch weniger auf individuelle Sanktionierung als auf die Regulierung sozialer Dynamiken. Er erschwerte die Bildung stabiler Netzwerke um Einzelpersonen, die kaum zu kontrollierende Machtballungen erzeugen können. Die Wirkung dieses Mittels basiert also letztlich auf quasi proto-soziologischem Wissen darüber, wie sich die Herausbildung stabiler gesellschaftlicher Machtzentren unterlaufen lässt.

Aber der mit der Ungleichheitsdimension in Zusammenhang zu bringenden Ostrakismos ist nur eines von vielen Beispielen für die attische Erfindungsgabe hinsichtlich Mechanismen zur Prävention sozialer Schließung. Einige lassen sich allerdings nicht umstandslos einer der drei bisher eingeführten Dimensionen – nämlich sozioökonomische Ungleichheitsverhältnisse, Strukturen der Zivilgesellschaft/Öffentlichkeit und politische Institu-

---

3 Während die Volksversammlung naheliegenderweise der Dimension politischer Institutionen angehört.

tionen – zuordnen. Dazu gehören das *Losverfahren* als hauptsächliche Methode der Vergabe öffentlicher Ämter, die *jährliche Rotation* bei der Besetzung dieser Ämter sowie die *Vergütung der Amtsausübung*, die eine Dauerbesetzung entsprechender Positionen allein durch wohlhabendere Bürger verhinderte (Finley 1973: 25). Sie alle haben mit der *Organisation der Verwaltung* zu tun, mit Bezug auf die zentrale Stellung von Bürokratie bei Weber (1922: 166 ff.) betrachte ich sie als eigenständige Dimension demokratischer Ordnung. Da die Ämter in der attischen Demokratie potentiell allen Bürgern offenstanden – ein Großteil konnte im Laufe seines Lebens entsprechende Erfahrungen machen –, per Zufallsauswahl vergeben wurden und ihre Besetzung aufgrund der kurzen Amtszeit rasch wechselte, gab es keinen fixen bürokratischen Apparat (Finley 1973: 25). Derartige administrative Mechanismen wirken auf diese Weise der Herausbildung jenes »stahlharten Gehäuses« zumindest entgegen, das Weber nicht zuletzt mit Bürokratie in Verbindung bringt.

Als letzter Mechanismus ist schließlich noch ein Instrument mit dem gewöhnungsbedürftigen Namen *graphē paranomōn* erwähnenswert. Diese Form der Klage ermöglichte es den Bürgern, ein in der Volksversammlung bereits (rechtmäßig) verabschiedetes Gesetz zurückzunehmen, indem dessen Urheber im Nachhinein wegen Unrechtmäßigkeit seiner Initiative verurteilt werden konnte. An diesem Beispiel soll deutlich werden, dass es mir weder darum geht zu behaupten, dass jeder einzelne dieser von den antiken Griechen ersonnenen Mechanismen großartig und frei von Nebenfolgen war, noch halte ich *genau diese* Mechanismen für notwendig, um eine demokratische Ordnung in Kraft zu setzen. Vielmehr ist es aus meiner Sicht weit wichtiger, *dass* in allen zentralen Dimensionen demokratischer Ordnung wirkungsvolle Mechanismen zur Prävention sozialer Schließung angelegt sind – deren genaue Form erscheint mir demgegenüber zweitrangig; doch dazu später mehr. Jedenfalls: Die hier skizzierten Mechanismen in ihrer Gesamtheit lassen sich – gegenüber dem Ideal der Selbstregierung – oft besser verstehen, wenn man sie als Lösung für das Problem begreift, die Offenheit einer Gesellschaft auf Dauer zu stellen.

Im Übrigen wirken natürlich auch diskussionsbasierte politische Entscheidungsinstitutionen wie die attische *Ekklesia* potentiell sozial öffnend. Überall dort, wo Entscheidungen nicht von einer einzelnen Führungsposition beziehungsweise homogenen Gruppe schlicht erlassen werden, sondern wo sie das Ergebnis kontroverser Aussprache mit anschließender Abstimmung sind, kann dies einen öffnenden Effekt haben. Vor allem, weil inhaltliche Alternativen sichtbar werden, eine bestimmte Meinung oder Perspektive also nicht als unwidersprochene Selbstverständlichkeit Geltung beanspruchen kann. In auf Selbstregierung ausgerichteten Gremien kann sich dieser Effekt verstärken, weil sie mit dem Anspruch antreten, gesellschaftlich vorhandene Perspektiven umfassend abzudecken, also besonders plural zu sein.

Doch genau dieser Selbstregierungscharakter ist für die Volksversammlung Athens schon vielfach bestritten worden, weil große Teile der Gesellschaft, konkret Frauen und Sklaven, systematisch von der Entscheidungsfindung ausgeschlossen wurden (Held 1996: 23ff.). Selbst also für den vermeintlich prototypischen Fall der attischen Demokratie ließe sich argumentieren, dass der Anspruch auf Selbstregierung eher Legitimationsmittel zur Steigerung der Folgebereitschaft ist, als dass er real verwirklicht gewesen wäre. Einmal mehr zeigt sich hier der kontrafaktische Charakter des Ideals. In jedem Fall aber wirkt die *Ekklesia* als Mechanismus zur Prävention sozialer Schließung, wenn auch – und dieses paradoxe Moment wohnt allen derartigen Mechanismen inne – nicht absolut. Mit ihrer Anfälligkeit für demagogische Manipulation wurden auch die Grenzen des Öffnungscharakters der attischen Volksversammlung schon vielfach beschrieben.

3.2 Massendemokratie am Start: Die sozialen Bedingungen der demokratischen Revolution in den USA

Während die griechischen Stadtstaaten der Antike als Prototypen der Durchsetzung komplexer demokratischer Ordnungen gelten, kommt den USA in ihrer Gründungszeit eine ähnliche Bedeutung zu, was die Installation moderner Massendemokratien anbelangt. Wie kommt es aber, dass die demokratische Revolution in den Vereinigten Staaten gelingt, während sie in Frankreich (zunächst) scheitert? Diese Frage stellt sich Alexis de Tocqueville – Gründervater der Vergleichenden Politikwissenschaft und der Politischen Soziologie – in seiner zweiteiligen Studie »Über die Demokratie in Amerika« (erschienen 1835 und 1840). Auf seiner Suche nach Antworten befasst er sich zwar auch mit politischen Institutionen, so wirft er etwa »einen raschen Blick« (Tocqueville 2002: 126) in die Verfassung des jungen amerikanischen Staates und beschäftigt sich mit einem zentralen Beitrag der US-amerikanischen Institutionenentwicklung: der systematischen Umsetzung der Gewaltenteilung (ebd.: 128 ff.; Hamilton, Madison, Jay 2007). Vor allem aber interessiert er sich in seiner dichten Untersuchung für den Einfluss der herrschenden gesellschaftlichen Bedingungen auf die erfolgreiche Durchsetzung einer demokratischen Ordnung.

Die demokratische Ordnung der USA tritt auf diese Weise, wie im Beispiel Athens, als Ergebnis des Zusammenspiels vielfältiger gesellschaftlicher Mechanismen, also als komplexes Ensemble in Erscheinung. John Stuart Mill ist unter anderem deshalb vom Werk seines Zeitgenossen Tocqueville begeistert: »For the first time, that phenomenon [democracy; JB] is treated of as something which [...] manifests itself by innumerable properties, not by some one only« (Mill 1859: 4). Über die verfassungsrechtlichen Institutionen hinaus rückt Tocqueville dabei insbesondere die drei anderen Dimensionen demokratischer Ordnung in den Vordergrund, die bisher eingeführt wurden: die sozioökonomischen Ungleichheitsverhältnisse, die Strukturen der Zivilgesellschaft und, wie in der antiken griechischen Demokratie, die Organisation der Verwaltung.

Zu den zentralen Determinanten demokratischer Ordnung zählt für Tocqueville die Gleichheit der sozioökonomischen Verhältnisse. Überhaupt sieht er eine allgemeine historische Tendenz zu zunehmender Gleichheit, die er als die Triebkraft der »demokratische[n] Revolution« seiner Zeit begreift: »In dem Maße, wie ich die amerikanische Gesellschaft studierte, erkannte ich daher immer mehr die Gleichheit der Bedingungen als die wirkende Ursache, aus der jede einzelne Tatsache hervorgeht, und ich sah sie ununterbrochen vor mir wie einen Mittelpunkt, in den alle meine Beobachtungen einmündeten.« (Tocqueville 2002: 5)

Tocqueville adressiert damit zwar nicht ausschließlich die Bedeutung der ökonomischen Verhältnisse, er beschäftigt sich beispielsweise auch mit den Geschlechterverhältnissen (ebd.: 704) und dem Umgang mit Sklav:innen (ebd.: 366 ff.). Doch wirtschaftliche Gleichheit ist für ihn von fundamentaler Bedeutung. Jedenfalls zeigt er sich fasziniert von der Geschwindigkeit, mit der Vermögensverhältnisse in den USA (zumindest damals) umgewälzt werden. Dabei macht er einen spezifischen institutionalisierten Mechanismus aus, der der Fixierung der bestehenden Verhältnisse entgegenwirkt: »Es war das *Erbrecht*, das den letzten Schritt zur Gleichheit brachte« (ebd.: 55; meine Hervorhebung). Die Aufteilung des Vermögens auf mehrere Erben sorge dafür, so Tocqueville, dass langfristige Vermögenskonzentrationen – und damit auch Machtkonzentrationen – verhindert würden. Die auf diese Weise erzielte Dynamisierung der Vermögensverteilung ermöglicht soziale Mobilität, wirkt der Herausbildung festgefügter Eliten entgegen und verhindert so eine bestimmte Form langfristiger sozialer Schließungen.

Tocqueville weist also der ökonomischen Gleichheit eine große politische Rolle zu, doch das lässt sich bereits in der attischen Demokratie erkennen. Praktisch wird sie im antiken Griechenland allerdings hauptsächlich an den Rändern der Vermögensverteilung relevant, also unter sehr Wohlhabenden (Ostrakismos) oder Vermögenslosen (Ämtervergütung); theoretisch macht beispielsweise Aristoteles Ungleichheit als bedeutenden Faktor politischer Instabilität aus (Aristoteles 2012: 178 ff.). Und auch der Organisation der Verwaltung schreibt Tocqueville eine ähnliche Bedeutung zu, wie sie sich bereits in der attischen Demokratie beobachten lässt. Er stellt fest, »daß der hervorstechendste Zug der öffentlichen Verwaltung in den Vereinigten Staaten die außerordentliche Dezentralisierung ist« (Tocqueville 2002: 94). Das heißt, Amtsinhaber werden zwar (für längere Zeit) gewählt und nicht gelost, doch ihre *lokale* Verankerung in den Gemeinden beziehungsweise Bezirken führt, ähnlich wie in der attischen Demokratie, zu einer Stärkung des »Bürgergeists« (ebd.: 99). Die Notwendigkeit, sich aktiv um die eigenen Belange zu kümmern, steht den US-Amerikaner(:inne)n auf diese Weise ständig vor Augen, fördert die politische Involviertheit und damit die Bereitschaft der Einzelnen, sich gestaltend einzubringen.

Doch Tocquevilles Blick auf die dezentrale Organisation der Verwaltung in den USA ist durchaus nicht unkritisch, die Erledigung einzelner konkreter Aufgaben etwa gelänge oft »nicht so gut, wie wenn der Staat es […] täte«. Aber: »Auf die Dauer […] übertrifft das Ergebnis all dieser […] Unternehmungen bei weitem das, was der Staat auszurichten vermöchte« (ebd.: 108). Während Tocqueville die *Zentralisierung der Regierung* für unabdingbar hält, erscheint ihm die *Dezentralisierung der Verwaltung* als eine der wichtigsten Grundlagen des Erfolgs demokratischer Gesellschaft. Umgekehrt hält er die Zentralisierung der Verwaltung für eine ihrer größten Gefahren. Er beschreibt sie als »Joch« (ebd.: 109), das der gesellschaftlichen »Erneuerung der Kräfte« (ebd.: 99) entgegenstehe – also der demokratischen Offenheit für Wandel.

Berühmt geworden ist Tocquevilles Studie jedoch nicht so sehr wegen seiner Überlegungen zu Ungleichheit und Verwaltung, sondern aufgrund seiner Auseinandersetzung mit einer dritten Dimension demokratischer Ordnung: den Strukturen der Zivilgesellschaft. Diesen schreibt er nämlich in den USA eine außerordentliche *Assoziativität* zu: »Die Amerikaner jeden

Alters, jeden Standes, jeder Geistesrichtung schließen sich fortwährend zusammen« (ebd.: 195). Es gelinge den Bürger:innen der Vereinigten Staaten in noch nicht dagewesener Weise, für alle möglichen Arten von Zielen – wirtschaftliche und politische, aber auch »religiöse, sittliche, ernste, oberflächliche, sehr allgemeine und sehr besondere, gewaltige und ganz kleine« (ebd.: 595) – Mitstreiter:innen zu mobilisieren. Auf diese Weise sind sie in der Lage, immer wieder eine ausreichende Machtbasis zu schaffen, um die gesellschaftlichen Verhältnisse zu beeinflussen und zu verändern. Solche Tendenzen zur Assoziation stehen in engem Zusammenhang mit der zuvor erörterten Entwicklung des »Bürgergeistes«, der die Menschen dazu veranlasst, Verantwortung für die eigenen Belange zu übernehmen. Und ebenso wie zuvor im Zusammenhang mit der Erörterung der Bedeutung der dezentralen Verwaltung ist es nicht vor allem der Aspekt der Mitbestimmung, den Tocqueville dabei demokratisch für besonders relevant hält, sondern der Umstand, dass die ständigen Neu- und Umbildungen solcher Zusammenschlüsse und Vereinigungen (anders etwa als die Zentralregierung) dazu in der Lage sind, den »Kreislauf von Gefühlen und Gedanken in einem großen Volke […] in Bewegung zu halten und zu erneuern« (ebd.: 198). Auch sie begreift er also vor allem im Sinne von Mechanismen zur Offenhaltung gesellschaftlicher Verhältnisse.

Selten ist der *Ensemblecharakter* demokratischer Ordnung – die aus dem Zusammenspiel multidimensional angelegter Mechanismen zur Prävention sozialer Schließung hervorgeht – so transparent wie in Tocquevilles Studie über die junge US-amerikanische Demokratie. Und selten wird so deutlich wie hier, dass genau die Mechanismen, die Demokratie doch eigentlich begründen sollen, die gegenteilige Wirkung entfalten können, ist erst einmal das Zusammenspiel des Ensembles gestört oder ins Ungleichgewicht geraten. Auch die »demokratischste« Ordnung ihrer Zeit kann folglich ins autoritäre kippen. Als größte Gefahr identifiziert Tocqueville dabei bekanntermaßen die »Tyrannei der Mehrheit« (ebd.: 289): Der unbedingte Glaube der US-Amerikaner:innen an das *Mehrheitsprinzip* statte die politische Mehrheit mit einer »Allmacht« aus (ebd.: 290), die den »Keim zur Tyrannei« bilde (ebd.: 291). Eine spezielle Form der sozialen Schließung ist die Folge, eine Schließung nämlich nach Maßgabe der Mehrheit.

3.3 Konsolidierungsschmerzen: Techno-kapitalistische Revolutionen und die Frage nach dem demokratischen Bürger

Schon Tocqueville war also klar: Nur weil sich eine Ordnung einmal als demokratisch durchgesetzt hat, heißt das nicht, dass sie für immer demokratisch bleiben muss. Die USA – Keimzelle, Laboratorium und Musterfall moderner Massendemokratien – hatten auch nach ihrer Konsolidierung mit immer neuen Herausforderungen zu kämpfen. Die Zeit um die Wende zum 20. Jahrhundert gehört wohl zu den gewichtigsten unter ihnen. Der rasante technische Fortschritt und die enorme kapitalistische Dynamik, die sich in dieser Zeit beobachten lassen, gehen zwar mit dem Aufstieg der USA zur Weltmacht einher, aber auch mit der drastischen Zunahme sozialer Ungleichheit und mit wachsenden sozialen Spannungen. Sie münden in die demokratischen Reformbemühungen der *Progressive Era.*

In einer später als *Lippmann-Dewey-Debatte* bezeichneten Publikationenfolge dieser Zeit wird der von der Komplexität der techno-kapitalistischen Moderne überforderte Mensch als neuralgischer Punkt der Demokratieentwicklung identifiziert. Dabei stellt der Journalist und Publizist Walter Lippmann in seinem 1922 erschienenen Buch »Public Opinion« die Fähigkeit des modernen Menschen zur demokratischen Teilhabe grundsätzlich infrage. Zu groß sei die Kluft zwischen gesellschaftlicher Komplexität und individueller Urteilsfähigkeit (Selk, Jörke 2012: 258). John Dewey widerspricht diesem Befund fünf Jahre später in »The Public and its Problems«. Zwar teilt er die Überforderungsdiagnose und bestätigt die Gefahr, dass politische und wirtschaftliche Entscheidungen den Menschen in verdinglichter Form gegenübertreten – als unverständliche, scheinbar alternativlose Setzungen (vgl. Dewey 1946: 137; Selk, Jörke 2012: 263). Doch Dewey zeigt sich zuversichtlich, dass dieser Tendenz mit den entsprechenden Maßnahmen zur Stärkung der assoziativen und kommunikativen Strukturen der Öffentlichkeit begegnet werden kann (Dewey 1946: 184), dass es also gelingen kann, den öffentlichen Diskurs auch tatsächlich offenzuhalten.

»The Public and its Problems« steht meist im Mittelpunkt, wenn Dewey überhaupt politiksoziologisch rezipiert wird (zum Beispiel Marres 2012; Bogusz 2018). Erkennbar bewegt sich dieses Buch mit seiner Betonung der Assoziativität in deutlicher Nähe zu Tocquevilles Überlegungen zur demokratischen Struktur der Zivilgesellschaft. Blickt man allerdings über dieses Werk hinaus – zum Beispiel in das Buch »Demokratie und Erziehung« (2011), das Dewey selbst als sein Hauptwerk betrachtet hat, soziologisch aber weit weniger rezipiert worden ist – so zeigt sich, dass sich Dewey nicht in erster Linie für die Strukturen der Öffentlichkeit als Ansatzpunkt von Demokratisierung interessiert. Für ihn steht stattdessen die Frage nach der *Erziehung zur Demokratie* im Vordergrund, mit anderen Worten die Frage, wie gesellschaftliche Subjekte zu demokratischen Subjekten werden können. *Politische Subjektivierung* – verstanden als die Frage danach, welche innere Haltung beziehungsweise Disposition den Einzelnen in Bezug auf die Gestaltbarkeit gesellschaftlicher Ordnung eingeschrieben wird (vgl. Foucault 1987; Brichzin 2023a: 101) – ist die fünfte und letzte zentrale Dimension demokratischer Ordnung, die ich hier einführen möchte. Auch sie besitzt eine lange Tradition, die sich ebenfalls bis in die attische Demokratie zurückverfolgen lässt. Zu denken wäre beispielsweise an die Überlegungen zu Bürgertugenden bei Aristoteles und anderen (Münkler 1994). Und auch sie bietet Ansatzpunkte für Mechanismen zur Prävention sozialer Schließung.

Wie also funktioniert laut Dewey Erziehung zur Demokratie beziehungsweise demokratische Subjektivierung? Der Gedanke, dass Bildung in Demokratien relevant ist, ist natürlich nicht neu, nicht zuletzt bei Tocqueville und im antiken Griechenland wurde ihre Bedeutung bereits erkannt. Dewey hat dabei allerdings nicht so sehr ein bestimmtes Wissen im Kopf, das sich demokratische Bürger:innen unbedingt aneignen müssten – etwa zur Funktionsweise politischer Institutionen oder zu den technischen Details von Produktionsabläufen. Etwas ganz anderes ist aus seiner Sicht entscheidend, nämlich die Erziehung zur Offenheit im Umgang mit einer Gesellschaft, »die sich ständig wandelt« (Dewey 2011: 203). Statt auf Wissensakkumulation kommt es ihm auf Offenheitskompetenz an.

Deweys um die Wende zum 20. Jahrhundert in den USA entwickeltes Demokratieverständnis ist ein zentraler Bezugspunkt für die in diesem Text vertretene, offenheitszentrierte Perspektive auf Demokratie. Entsprechend begreift Dewey Demokratie als eine »Form des Zusammenlebens« (ebd.: 121), die sich durch Offenheit für sozialen Wandel auszeichnet, er begreift die demokratische Gesellschaft als »eine Gesellschaft, die nicht nur im Wandel begriffen ist, sondern diesen Wandel (zum Besseren) als ihren Lebenszweck betrachtet« (ebd.: 113). Nichts steht dem, so Dewey, mehr entgegen, als eine gesellschaftliche Ordnung, die »in fester Form, in Routine erstarrt« ist (ebd.: 21) – und allem voran, in Routine erstarrte Subjekte.

An dieser Stelle kann ich lediglich eine Grundidee dessen vermitteln, was laut Dewey demokratische Erziehung ausmacht. Da er Demokratie als eine gesellschaftliche Ordnung begreift, die auf Wandlungsfähigkeit ausgerichtet ist, sind politische Subjekte nötig, die es verstehen, produktiv mit gesellschaftlichen Wandlungsprozessen umzugehen. Das heißt, sie müssen sich eine »geistige Haltung« aneignen (ebd.: 185), die einer in ständigem Wandel begriffenen Welt mit »Offenheit, Experimentierfreude und einem Bewusstsein für Pluralität« begegnet (Brichzin 2023a: 102). Zu diesem Zweck müssen verschiedene kognitive, soziale und motivationale Kompetenzen entwickelt werden, etwa die »Fähigkeit zur dauernden Anspannung und Aufmerksamkeit« (Dewey 2011: 185). Geschult werden diese Kompetenzen vor allem durch die Praxis des Problemlösens, durch »zweckbewußt[e] Hingabe an einen Handlungsverlauf« (ebd.: 186), also indem man sich ganz auf eine Sache und ihre je konkreten Erfordernisse einlässt, anstatt sich mit vorgegebenem Wissen oder tradierten Regeln zufrieden zu geben. Nicht zuletzt spielt Individualität dabei für Dewey eine besondere Rolle: Nur wenn es einer Gesellschaft gelingt, »in ihren Erziehungsmaßnahmen dem Spiele verschiedenster Gaben und Interessen im Sinne geistiger Freiheit Raum [zu] gewähren« (ebd.: 396), lässt sich wirkliche Offenheit für gesellschaftlichen Wandel in verschiedene Richtungen erreichen. In einer Zeit auch großer pädagogischer Reformanstrengungen hat sich Dewey selbst aktiv für die Umsetzung seiner Ideen einer Erziehung zur Demokratie eingesetzt.

Demokratische Erziehung – im oben entwickelten Sinne als Form politischer Subjektivierung, die in den Einzelnen eine Offenheit gegenüber gesellschaftlichem Wandel verankert – lässt sich als weiterer Mechanismus zur Prävention sozialer Schließung begreifen. Dabei muss man Deweys Fortschrittsoptimismus nicht teilen, um die funktionale Bedeutung einer konstitutiven Offenheitsorientierung zu erkennen. Zwar mag sie mitunter helfen, gesellschaftliche Herausforderungen produktiv anzugehen – dem Autoritärwerden gesellschaftlicher Ordnung steht sie grundsätzlich entgegen.

3.4 Das Parlament als Maschinenraum der Nachkriegsdemokratie

Die angekündigten fünf Dimensionen demokratischer Ordnung sind damit vollständig: Organisation der Verwaltung und politische Subjektivierung haben sozioökonomische Ungleichheitsverhältnisse, Strukturen der Zivilgesellschaft/Öffentlichkeit und politische Institutionen ergänzt. Auf eine der fünf eingeführten Dimensionen demokratischer Ordnung bin ich bisher allerdings eher beiläufig eingegangen, nämlich auf die an sich vermutlich naheliegendste unter ihnen, die *politischen Institutionen*.

Dafür gibt es gute Gründe: In Ermangelung einer sozial fundierten Vorstellung davon, was das Demokratische eigentlich ausmacht, wird Demokratie häufig ausschließlich mit ihren Institutionen identifiziert – eine Substantialisierung, die nicht noch zusätzlich verstärkt werden muss. Entsprechend sind politische Institutionen beispielsweise auch für Dewey von vergleichsweise marginalem Interesse; abgesehen davon hält er sie auch nicht für »the most inspiring of the different meanings of democracy« (Dewey 1946: 82). Und doch bleiben sie natürlich relevant, weshalb sie ja unweigerlich auch in diesem Text schon aufgetaucht sind – in Form der Volksversammlung etwa, oder der Gewaltenteilung. Nun wende ich mich für einige Momente einer Institution zu, zu der ich selbst empirisch geforscht habe (Brichzin 2016), nämlich dem *Parlament*.

Parlamente gehören zu den Schlüsselinstitutionen der politischen Gegenwart, Parlamentarismus kann als zentrales Merkmal konsolidierter Nachkriegsdemokratien gelten. Fast kein Land kommt mehr ohne die zumindest formale Einrichtung einer gewählten Vertretungskörperschaft aus, von international bis kommunal findet man sie auf allen politischen Ebenen (Marschall 2005: 197 ff.). Außerdem erschließt sich die Differenzierung politischer Systeme, etwa in parlamentarisch versus präsidentiell (Steffani 1979), unter anderem entlang der Stellung des Parlaments im Rahmen der Gewaltenteilung. In modernen Massendemokratien ist die Legitimität politischer Herrschaft in zentraler Weise mit ihnen verknüpft (Brichzin et al. 2018: 2 f.): Vor dem Hintergrund eines an die Idee der Selbstregierung gebundenen Demokratieverständnisses ist den demokratischen Staaten heute das Parlament, was der attischen Demokratie die Volksversammlung war – als Versammlung zumindest der Stellvertreter:innen des Volkes. Das Gewicht demokratischer Hoffnungen lastet daher stark auf Parlamenten, an ihnen wird der Selbstregierungscharakter eines politischen Systems festgemacht. Entsprechend große Bedeutung wird beispielsweise der Frage zugeschrieben, ob das Parlament auch tatsächlich *repräsentativ* ist (Pitkin 1967: 67 ff.), und entsprechend groß ist die Enttäuschung, wenn man gerade an den realen Funktionsweisen des Parlaments Defizite entdeckt.

Anstelle der Repräsentationsfunktion des Parlaments stand in meiner Untersuchung die Frage nach der Logik der konkreten parlamentarischen (Arbeits-)Praxis im Vordergrund (Brichzin 2016). Im Unterschied zu verbreiteten soziologischen Neigungen habe ich interessante politische Phänomene nicht jenseits der klassischen politischen Institutionen (und jenseits des politikwissenschaftlichen Zugriffs) gesucht, sondern genau dort vermutet (siehe aber unter anderem Dányi 2020; Mayntz, Neidhardt 1989). Gefunden habe ich nicht zuletzt routiniert praktizierte »Repertoires der politischen Ent-Essentialisierung« (Brichzin 2023a: 98), mit anderen Worten: historisch voraussetzungsvolle Mechanismen zur Prävention sozialer Schließung. Während also anti-institutionalistische Perspektiven auf Demokratie politische Institutionen (und speziell Parlamente) als Hort potentiell anti-demokratischer Fixierungen und Verkrustungen im Verdacht haben, lässt sich durchaus auch umgekehrt fragen: Wo sollte man Hinweise auf bewährte Mechanismen demokratischer Öffnung finden, wenn nicht inmitten schon lange erfolgreich institutionalisierter Praktiken?

Der parlamentarische Umgang mit *sozialem Konflikt* – als bedeutender ideengeschichtlicher Topos des (zum Beispiel republikanischen) Nachdenkens über Demokratie – erscheint mir dabei besonders zentral. Einerseits ist Konflikt über das *Oppositionsprinzip* in (demokratisch funktionale) Parlamente eingeschrieben. Denn wo Opposition stabil instituiert ist, kann man sich sicher sein, dass es auch Widerspruch geben wird, völlig unabhängig von den je konkret verhandelten Inhalten. Es lohnt sich festzuhalten, dass das Oppositionsprinzip schon per se als Öffnungsmechanismus wirken kann (Brichzin 2016: 188). Denn sofern die Opposition im Geschäft der Produktion von Alternativen ist, wird sie stets aufs Neue mit Sichtweisen aufwarten, die gegebene Verhältnisse oder dominante Perspektiven infrage stellen und Veränderungen nahelegen. Andererseits verhärtet sich der auf diese Weise konstitutiv in die parlamentarischen Prozesse eingeschriebene Konflikt in der Regel nicht zur Feindschaft (ebd.). Die schnellen Wechsel zwischen unzähligen, über die Tagesordnungen rauschenden, mal kleinen, mal grundlegenden Themen, in denen Einigkeit und Dissens einander abwechseln; die Übergänge zwischen unterschiedlich kooperativen beziehungsweise konfrontativen Kontexten – etwa zwischen Arbeitsgruppen, Ausschüssen und Plenum; und der ständige Wechsel der Akteur:innen, mit denen man es zu tun hat: All dies begünstigt eine Relativierung von Konfliktkonstellationen und fördert die Trennung zwischen Person und Sache. Radikaldemokratische Theoretiker:innen, die doch politische Institutionen wie das Parlament mit größter Skepsis ansehen, können auf diese Weise ausgerechnet hier genau dem begegnen, was sie jenseits suchen: Praktiken der Inkraftsetzung *agonistischer Relationalität* (Brichzin 2023a: 98), im Gegensatz zu essentialisierend antagonistischer (Mouffe 2005: 52).

Soziale Konflikte können öffnende Wirkung haben, zugleich trägt wohl wenig mehr zur Verhärtung sozialer Verhältnisse bei als ein festgefahrener Konflikt. Vor diesem Hintergrund lässt sich die Institutionalisierung agonistischer Relationalität in Parlamenten als bedeutende Öffnungsleistung analysieren. Das soll aber natürlich nicht heißen, dass parlamentarische Prozesse nicht auch selbst zu Schließungsprozessen – etwa entlang eingefahrener Partei- oder Fraktionslinien – beitragen können. Und es soll auch nicht gesagt sein, dass die Art und Weise des Umgangs mit Konflikten der einzige Mechanismus zur Prävention sozialer Schließung ist, der in Parlamenten anzutreffen ist. Anstatt politische Institutionen wie das Parlament am fiktiven Maß der Selbstregierung zu messen, scheint es mir produktiver, sie auf ihren Beitrag zu Offenheit für sozialen Wandel hin zu beobachten.

3.5 Heute: Epistemische Dimensionen von Demokratie

Diese kurzen historischen Schlaglichter haben hoffentlich die eingangs postulierte These plausibel werden lassen, dass sich nämlich Demokratie als Ergebnis der Institutionalisierung eines Ensembles von Mechanismen zur Prävention sozialer Schließung begreifen lässt. Diese Mechanismen wirken dabei in unterschiedlichen Dimensionen demokratischer Ordnung in Richtung ihrer Öffnung, sind aber gerade nicht als Abwesenheit sozialer Ordnung zu verstehen. Eher im Gegenteil: Wenn die Geschichte demokratischer Formen eines zeigt, dann dass mitunter massive Vorkehrungen nötig sind, um gesellschaftlichen Schließungsprozessen entgegenzuwirken.

Mit einem letzten Gedanken zur gegenwärtigen Demokratieentwicklung möchte ich diesen Abschnitt beschließen. Die vergangenen 20, 30 Jahre scheinen nicht viele prominente Innovationen auf dem Gebiet der Entwicklung demokratischer Mechanismen hervorgebracht zu haben, abgesehen vielleicht vom zunehmenden praktischen Einsatz von Bürgerräten oder »deliberative mini-publics« (zum Beispiel Smith, Setälä 2018). Was bei einer solchen Einschätzung allerdings übersehen wird, sind die massiven Entwicklungen auf einer Ebene, die man vielleicht als Meta-Dimension demokratischer Ordnung betrachten könnte: Bedingung der Möglichkeit demokratischer Gesellschaft ist ein grundsätzliches Kontingenzbewusstsein, ist Offenheit auch auf der Ebene der Wissens- und Denkordnung einer solchen Gesellschaft (vgl. Baumert 2022). Wandel muss *denkmöglich* erscheinen. In diesem Sinne muss die

Prävention von sozialer Schließung also immer auch *epistemisch* (vgl. Brichzin 2023b) ansetzen. Genau hier hat sich in den letzten Jahren viel getan.

So reflektieren öffentliche Diskurse mittlerweile intensiv auf die politische Wirkung von Sprache im Allgemeinen und sozialer Kategorisierungen im Speziellen – etwa von Geschlechterkategorien oder von Kategorien sozialer Zugehörigkeit –, haben also ein Bewusstsein für das Denken essentialisierende Effekte des Sprachgebrauchs ausgeprägt (zum Beispiel Butler 2021; Brichzin, Kronau 2024). Was aus dem Blickwinkel der Kritiker:innen als bloße ›Identitätspolitik‹ erscheinen mag, die den Fokus auf ungleich wichtigere politische Schaltstellen verdeckt, erscheint aus der hier entwickelten Perspektive auf Demokratie in einem etwas anderen Licht: nämlich als weiterer, diesmal epistemischer Ansatzpunkt für Mechanismen zur Prävention der sozialen Schließung. Als solcher ist er sicherlich nicht der einzige demokratische relevante, in der gegenwärtig konkreten Ausgestaltung möglicherweise noch nicht einmal besonders zentrale Mechanismus.[4] Wenn aber Demokratie im Sinne einer gesellschaftlichen Ordnung verstanden wird, die sich durch Offenheit gegenüber sozialem Wandel auszeichnet, tritt unweigerlich auch die Frage in den Fokus, wie das *Denken* offen bleiben kann.

4. Demokratie und Gesellschaftstheorie

Jenseits von Demokratie wäre Gesellschaft eine andere, und das sollte Soziologie erfassen können. Auf dieser Prämisse ruht mein Text. In Anschluss an Dewey und andere habe ich Demokratie als eine Form gesellschaftlicher Ordnung beschrieben, die an Prozessen sozialer Schließung – verstanden als änderungsresistente Fixierung eines Status quo – ansetzt und diesen mithilfe verschiedener Präventionsmechanismen entgegenwirkt. Demokratie lässt sich entsprechend als spezifische Gesellschaftsformation begreifen, die ihre eigene Offenheit für Wandel auf Dauer stellt. Insofern Soziologie eine besondere Kompetenz besitzt, soziale Schließungsprozesse zu analysieren, werden ihre Kräfte für die Analyse von Demokratie benötigt, gerade heute. In diesem Sinne ist Soziologie *auch* Demokratiewissenschaft (vgl. Stammer, Weingart 1972), allerdings nicht, wie Otto Stammer – führender politischer Soziologe der unmittelbaren Nachkriegszeit – meint, weil sie *soll*, sondern weil sie *muss*, möchte sie weiterhin versuchen, das Vexierbild, das wir Gesellschaft nennen, als Ganzes zu erfassen.

4 Das hatten ja bereits die bisherigen Überlegungen gezeigt.

Eine demokratische Gesellschaftsformation kommt in diesem Verständnis zustande, indem ein Ensemble von Mechanismen zur Prävention sozialer Schließung zusammenwirkt, die in unterschiedlichen Dimensionen demokratischer Ordnung angesiedelt sind. Ich hatte insbesondere fünf zentrale Dimensionen herausgearbeitet sowie einige historisch relevante Mechanismen genannt: sozioökonomische Ungleichheitsverhältnisse (zum Beispiel Erbrecht, Ostrakismos, Ämtervergütung), Strukturen der Zivilgesellschaft/Öffentlichkeit (zum Beispiel Assoziativität, Bürgergeist), politische Institutionen (zum Beispiel Wahl- und Losverfahren, Dokumentation von Alternativität in Volksversammlungen, agonistische Relationspraktiken im Parlament), Organisation der Verwaltung (zum Beispiel Laienprinzip, Dezentralisierung), politische Subjektivierung (zum Beispiel Kontingenzbewusstsein, Offenheitskompetenz).

Entscheidend ist dabei, solche historisch-konkreten Mechanismen nicht im Sinne notwendiger Bedingungen misszuverstehen. Demokratie ist keine Liste, die man abhaken könnte (Manow 2024: 47). Zwar gibt es historische Erfahrungen damit, welche Institutionalisierungen beziehungsweise welche Kombination von Institutionen entsprechend wirksame Präventionsmechanismen versammeln und so die Entstehung einer demokratischen Ordnung *wahrscheinlich* machen. Doch Demokratie steht nicht in einem deterministischen Verhältnis zu ihren Institutionen – ein Umstand, der nicht zuletzt an der schon eingangs erwähnten Tatsache deutlich wird, dass genau diejenigen Institutionen, an denen man Demokratie doch eigentlich stabil aufzuhängen hofft (Wahlen etwa), unter bestimmten Bedingungen auch paradoxe, also anti-demokratische Wirkungen entfalten können.

Ebenfalls bereits notiert hatte ich, dass mir weit wichtiger als ihre konkrete Gestalt (für die immer funktionale Äquivalente vorstellbar wären) zu sein scheint, *dass* in allen zentralen Dimensionen demokratischer Ordnung wirkungsvolle Mechanismen zur Prävention sozialer Schließung angelegt sind. Natürlich sind historische Erfahrung und Wissen um historische Bewährung im Falle des so voraussetzungsvollen Auf-Dauer-Stellens von Offenheit für Wandel von unschätzbarem Wert. Das übersieht etwa ein *Tabula rasa*-Denken (siehe Abschnitt 2d), wenn es meint, wahrhaft demokratisches Denken bedeute, immer wieder sozusagen ›auf null‹ zurückzukehren und bisherige Institutionen theoretisch hinwegfegen zu können. Gleichermaßen vereinseitigend wirkt allerdings das – ungleich geläufigere – *substantialistische Demokratieverständnis*, das Demokratie mit konkreten Institutionen identifiziert und so verdinglicht, also selbst in problematischer Weise *schließt*.

Ich schlage demgegenüber vor, Demokratie als *Emergenzphänomen* zu begreifen. Als solches lässt es sich weder determinieren noch konditionieren, noch ist es das Ergebnis der schlichten Addition bestimmter politischer Institutionen. Die demokratische Gesellschaftsformation wäre demnach als Folge des komplexen Zusammenwirkens eines Ensembles von Schließungspräventionsmechanismen zu verstehen. Eines Zusammenwirkens allerdings nicht im Sinne eines kohärenten Systems, das quasi ›notwendig‹ oder ›automatisch‹ Demokratie hervorbringt; sondern im Sinne einer emergenten Wirkung auf der Ebene des Ganzen, die aus den Eigenschaften seiner Teile nicht vollständig abgeleitet werden kann. Das Ganze der demokratischen Gesellschaftsformation weist im Ergebnis systematisch neue Eigenschaften auf, die sie von anderen (etwa autoritären) Gesellschaftsformationen unterscheiden – beispielsweise den schon mehrfach erwähnten inhärenten Zusammenhang mit funktionaler Differenzierung. In fundamentalem Sinne ist sie *offene Gesellschaft*, also eine Gesellschaft, die sich dadurch auszeichnet, dass ihre Offenheit für Wandel auf Dauer gestellt ist.

Das heißt umgekehrt: Eine Gesellschaft ist demokratisch, insofern sie von einem emergenten Prinzip durchwirkt ist, das man vielleicht als *Offenheitsverstetigung* bezeichnen könnte. Folgt man Habermas, ist es genau das, was eine gesellschaftliche Ordnung im Sinne einer *Gesellschaftsformation* ausmacht: Ein fundamentales »Organisationsprinzip« (Habermas 1973: 18), das unterschiedliche soziale Prozesse, die in verschiedenen gesellschaftlichen Ordnungsdimensionen angesiedelt sind, auf eine Weise ausrichtet, dass eine gemeinsame Tendenz, eine übergreifende Logik erkennbar wird. Habermas hatte dabei vor allem ein kapitalistisches Organisationsprinzip im Sinne der *Kapitalakkumulation* vor Augen (ebd.: 40). Versuchshalber möchte ich dem hier die Offenheitsverstetigung als demokratisches Prinzip gegenüberstellen.

Dabei möchte ich möglichen Missverständnissen vorbeugen. Ebenso wenig, wie in einer als kapitalistisch konzipierten Gesellschaftsformation jeder einzelne gesellschaftliche Vorgang als (unmittelbar) der Kapitalakkumulation dienend gedacht werden muss, so meint auch die Rede von der demokratischen Gesellschaftsformation nicht, dass soziale Schließungsprozesse fortan abgeschafft wären. Das fundamentale Organisationsprinzip durchdringt die Gesellschaft eher wie eine dominante Basslinie, vor deren Hintergrund die Melodie des Sozialen allerlei Volten schlagen kann – bis sie möglicherweise irgendwann sogar einen so starken Einfluss auf die Basslinie gewinnt, dass sich diese ändert. Die Gesellschaftsformation ›kippt‹ dann, sie wird eine andere.

Ebenfalls betonen möchte ich einmal mehr, dass ›Offenheit‹ nicht heißen soll, es wären keine Restriktionen, keine sozialen Strukturen vonnöten – mein Vorschlag ist gerade *kein* anti-institutionalistischer. Das Auf-Dauer-Stellen von Offenheit erfordert im Gegenteil, auch das hatte ich bereits betont, massive gesellschaftliche Vorkehrungen, wie sie sich in der Vielfalt institutionalisierter Mechanismen der Prävention sozialer Schließung niederschlagen. In diesem Sinne trifft zu, was Dewey schreibt, dass nämlich »eine Gesellschaft wandelbar und doch beständig sein kann« (Dewey 2011: 125). Schließlich wäre ›Offenheit‹ auch nicht in einem (rein) normativen Sinne misszuverstehen, weder als Verwirklichung eines Zustands umfassender ›Freiheit‹, noch als harmonisches Ideal umfassend toleranten Zusammenlebens. Vielleicht sogar im Gegenteil: Mitunter die härtesten politischen Konflikte scheinen schon heute, Stichwort ›Gendern‹, um die Frage geführt zu werden, ab welchem Punkt soziale Institutionalisierungen in problematische Schließungen umschlagen. Wenn ich von demokratischen Gesellschaften als ›offenen Gesellschaften‹ spreche, dann steht für mich demgegenüber der analytische Sinn im Vordergrund: Gesellschaftliche Prozesse besitzen die inhärente Tendenz zur Verkrustung, Verdinglichung, Essentialisierung, zur Verabsolutierung des *Status quo*. Die demokratische ist einfach diejenige Gesellschaftsformation, deren Kräfte zentral darauf ausgerichtet sind, solchen Tendenzen entgegenzuwirken.

Übrigens ist die Parallelisierung von Kapitalismus und Demokratie kein Zufall. Ich gehe davon aus, dass man von einer ›demokratischen‹ Gesellschaft in einem ganz analogen Sinne sprechen kann, wie man von einer ›kapitalistischen‹ Gesellschaft spricht. Und es gibt eine lange Tradition der Auseinandersetzung mit dem Verhältnis von Kapitalismus und Demokratie, als jeweils eigenständige gesellschaftliche Formen, auf die man sich zur Stützung dieser These berufen könnte (siehe zum Beispiel Schumpeter 1993). Vor diesem Hintergrund scheint mir die gesellschaftstheoretische Abwertung von Demokratie zum Sekundär-Konzept (siehe Abschnitt 2b) nicht so sehr mit dem Gegenstand selbst als vielmehr mit der Disziplin zu tun zu haben, die ihn beobachtet. Wie ich oben schon vermutet hatte, macht es der Soziologie ihr Selbstverständnis als kritische Disziplin schwer, ihre Überlegungen in einer normativ sanktionierten Vorstellung des gesellschaftlichen *Status quo* zu fundieren. Das aber führt zu einer Verzerrung in Sachen soziologischer Beobachtung der Gesellschaft: Die Bedeutung von Demokratie wird systematisch unterschätzt.

Warum diese Leerstelle der Soziologie also nicht einfach füllen, indem man an die gängigsten Verständnisse von Demokratie als (unmittelbare) Selbstregierung anschließt? Wozu der ganze Aufschwung zu einem Versuch, eine offenheitszentrierte Perspektive zu skizzieren, die sich gegenüber verwandten Ansätzen – ungleichheits- und öffentlichkeitstheoretischer, liberaler Art und so weiter – als integrativ versteht? Den Grund dafür hatte ich bereits in der Einleitung genannt, möglicherweise erschließt er sich aber am Ende dieses Textes besser als zu Beginn. Wenn Demokratie als Selbstregierung gefasst wird, muss systematisch von soziologischem Wissen über soziale Dynamiken und gesellschaftliche Prozesse abgesehen werden – ich hatte in diesem Zusammenhang von Sozialvergessenheit gesprochen. Selbstregierung bleibt damit (in jedem Fall unter komplexen gesellschaftlichen Bedingungen) praktisch so gut wie immer ein kontrafaktisches Prinzip, das sich nur dank zahlreicher intellektueller Hilfskonstruktionen in seiner Stellung halten kann. Ein Verständnis hingegen, das Demokratie als Form gesellschaftlicher Ordnung fasst, in der Offenheit für Wandel auf Dauer gestellt ist, setzt unmittelbar beim sozialen Prozess an – nämlich bei dessen Tendenz, entlastende Institutionalisierungen in änderungsresistente Fixierungen zu überführen. Eine der naheliegendsten Möglichkeiten, dem Funktionieren von Demokratie nachzugehen, ist im Kontext dieses Demokratieverständnisses nicht die theoretisch-spekulative, sondern die empirische Beobachtung der Arten und Weisen, wie einer solchen Tendenz zur sozialen Schließung entgegengewirkt wird. Indem es derart in Wissen über die Logik des Sozialen fundiert ist, lässt sich jenes Demokratieverständnis als genuin soziologisch begreifen.

Die Vermutung wäre, dass ein solches Demokratieverständnis auch praktische Vorteile haben kann, beispielsweise in Demokratiebildung und Demokratievermittlung. Zumindest stellt es eine hilfreiche Ergänzung dar: Zu abstrakt-normativen Überlegungen einerseits, die häufig vor allem das Ungenügen einer am ideellen Maßstab gemessenen praktischen Politik zutage bringen, und andererseits zur technischen Wissensvermittlung über politische Institutionen, Verfahren und Systeme, die gelegentlich einen dogmatischen Grundton annimmt. Genau jenen Grundton, der dazu führen kann, dass Demokratie blind mit bestimmten Ideen oder Institutionen identifiziert wird, statt sie als grundlegendes gesellschaftliches Organisationsprinzip zu begreifen, das sich in unterschiedlichen Formen und Gestalten materialisieren kann. Auf der Grundlage eines offenheitszentrierten Demokratieverständnisses hingegen lässt sich sehr viel stärker an Alltagserfahrungen anschließen – zu Exklusionen etwa, sozialen Schranken und epistemischen

Grenzen. Und es macht auch die Ambivalenzen, die dem demokratischen Prozess inhärent sind, möglicherweise greifbarer: Es braucht soziale Strukturen, aber ab welchem Punkt werden sie zum Problem?

Weitergedacht und wieder an den Anfang dieses Textes zurückgeführt, taucht die Frage erneut auf: Ab welchem Punkt werden demokratische Gesellschaften autokratisch? Gesellschaftsformationen geraten wohl meistens ins Kippen, lange bevor sie umschlagen (vgl. Tocqueville 1978). Die Tendenz zum Autokratischen offenbart sich nicht erst in dem Moment, in dem eine demokratische Institution abgeschafft wird, und auch demokratische Rechte verschwinden nicht urplötzlich. Ein offenheitszentriertes Demokratieverständnis eröffnet einen differenzierten Blick auf diese Schwelle, auf den schmalen Grat, der Gesellschaften von hier nach dort hinüberführt. Und ein solches Demokratieverständnis eröffnet auch neue analytische Mittel für den Fall, dass sich ›das Volk‹ eben doch einmal mehr ganz ›demokratisch‹ für den Diktator entscheidet.

Literatur

Adloff, Frank 2005: Zivilgesellschaft. Theorie und politische Praxis. Frankfurt am Main: Campus.

Arendt, Hannah 1993: Was ist Politik? Fragmente aus dem Nachlaß. München: Piper.

Aristoteles 2012: Politik. Hamburg: Felix Meiner.

Baumert, Felix 2022: Die Entdeckung der Gestaltbarkeit: Gesellschaftstheorien bei Alexis de Tocqueville, Karl Marx und Max Weber. Bielefeld: transcript.

Bogusz, Tanja 2018: Experimentalismus und Soziologie. Von der Krisen- zur Erfahrungswissenschaft. Frankfurt am Main: Campus.

Bohmann, Ulf 2020: Demokratie und Gesellschaft. In Hartmut Rosa / Jörg Oberthür (Hg.), Gesellschaftstheorie. München: UVK, 191–221.

Brichzin, Jenni 2016: Politische Arbeit in Parlamenten. Eine ethnografische Studie zur kulturellen Produktion im politischen Feld. Baden-Baden: Nomos.

Brichzin, Jenni 2023a: Für eine demokratische Praxeologie. Rechtsradikale Politisierung und radikaldemokratische Konsequenzen. In Lucas von Ramin / Karsten Schubert / Vincent Gengnagel / Georg Spoo (Hg.), Transformationen des Politischen. Bielefeld: transcript, 87–108.

Brichzin, Jenni 2023b: Wahrheit und Demokratie. Politische Epistemologie im Anschluss an Hannah Arendt. Behemoth, 16. Jg., Heft 2, 26–38.

Brichzin, Jenni / Krichewsky, Damien / Ringel, Leopold / Schank, Jan 2018: Soziologie der Parlamente. Konturen eines Programms. In Jenni Brichzin / Damien Krichewsky / Leopold Ringel / Jan Schank (Hg.), Soziologie der Parlamente. Neue Wege der politischen Institutionenforschung. Wiesbaden: Springer VS, 1–34.

Brichzin, Jenni / Kronau, Felix 2024: Essentialismus revisited? Leviathan, 52. Jg., Heft 2, 168–204.

Brichzin, Jenni / Laux, Henning / Bohmann, Ulf 2022: Risikodemokratie. Chemnitz zwischen rechtradikalem Brennpunkt und europäischer Kulturhauptstadt. Bielefeld: transcript.

Butler, Judith 2021: Das Unbehagen der Geschlechter. Frankfurt am Main: Suhrkamp.

Dányi, Endre 2020: The insides and outsides of parliamentary politics: Introduction to a special section of Social Studies of Science on parliamentary practices. Social Studies of Science, vol. 50, no. 2, 245–251.

Dewey, John 1946: The public and its problems. An essay in political inquiry. Chicago: Gateway Books.

Dewey, John 2011 [1916]: Demokratie und Erziehung. Eine Einleitung in die philosophische Pädagogik. Weinheim, Basel: Beltz.

Finley, Moses 1973: Democracy ancient and modern. London: Chatto & Windus.

Foucault, Michel 1987: Das Subjekt und die Macht. In Hubert Dreyfus / Paul Rabinow (Hg.), Michel Foucault. Jenseits von Strukturalismus und Hermeneutik. Weinheim: Athenäum, 243–264.

Habermas, Jürgen 1973: Legitimationsprobleme im Spätkapitalismus. Frankfurt am Main: Suhrkamp.

Habermas, Jürgen 1992: Faktizität und Geltung. Beiträge zur Diskurstheorie des Rechts und des demokratischen Rechtsstaats. Frankfurt am Main: Suhrkamp.

Hamilton, Alexander / Madison, James / Jay, John 2007 [1777/78]: Die Federalist Papers. München: Beck.

Hedström, Peter / Swedberg, Richard 1998: Social mechanisms: an introductory essay. In Peter Hedström / Richard Swedberg (eds.), Social mechanisms. An analytical approach to social theory. Cambridge: Cambridge University Press, 1–31.

Held, David 1996: Models of Democracy. Cambridge: Polity Press.

Herrmann, Steffen / Flatscher, Matthias (Hg.) 2020: Institutionen des Politischen. Perspektiven der radikalen Demokratietheorie. Baden-Baden: Nomos.

Horkheimer, Max 1992: Traditionelle und kritische Theorie. Fünf Aufsätze. Frankfurt am Main: Fischer.

Illouz, Eva 2024: Explosive Moderne. Berlin: Suhrkamp.

Koschorke, Albrecht 2018: Linksruck der Fakten. Zeitschrift für Medien- und Kulturforschung, 9. Jg., Heft 2, 107–118.

Laclau, Ernesto / Mouffe, Chantal 2001: Hegemony and Socialist Strategy. Towards a Radical Democratic Politics. London, New York: Verso.

Lamla, Jörn 2021: Political Sociology. In Betina Hollstein / Uwe Schimank / Anja Weiß (eds.), Soziologie – Sociology in the German-speaking world. Special Issue Soziologische Revue 2020. Berlin: De Gruyter.

Latour, Bruno 2004: Whose Cosmos, Which Cosmopolitics? Comments on the Peace Terms of Ulrich Beck. Common Knowledge, vol. 10, no. 3, 450–462.
Latour, Bruno 2010: Eine neue Soziologie für eine neue Gesellschaft. Frankfurt am Main: Suhrkamp.
Lembcke, Oliver / Ritzi, Claudia / Schaal, Gary (Hg.) 2012: Zeitgenössische Demokratietheorie. Band 1: Normative Demokratietheorien. Wiesbaden: Springer VS.
Lessenich, Stefan 2019: Grenzen der Demokratie: Teilhabe als Verteilungsproblem. Ditzingen: Reclam.
Levitsky, Steven / Ziblatt, David 2018: How democracies die. New York: Crown.
Luhmann, Niklas 1981: Theoretische Orientierung der Politik. In Niklas Luhmann, Soziologische Aufklärung 3. Soziales System, Gesellschaft, Organisation. Wiesbaden: VS, 287–292.
Luhmann, Niklas 2002: Die Politik der Gesellschaft. Frankfurt am Main: Suhrkamp.
Mackert, Jürgen (Hg.) 2004: Die Theorie sozialer Schließung. Tradition, Analysen, Perspektiven. Wiesbaden: VS.
Manow, Philip 2024: Unter Beobachtung. Die Bestimmung der liberalen Demokratie und ihrer Freunde. Berlin: Suhrkamp.
Marres, Noortje 2012: Material participation: technology, the environment and everyday publics. Basingstoke: Palgrave Macmillan.
Marschall, Stefan 2005: Parlamentarismus. Eine Einführung. Baden-Baden: Nomos.
Martinsen, Franziska 2019: Politik und Politisches. In Dagmar Comtesse / Oliver Flügel-Martinsen / Franziska Martinsen / Martin Nonhoff (Hg.), Radikale Demokratietheorie. Ein Handbuch. Berlin: Suhrkamp, 583–592.
Mayntz, Renate / Neidhardt, Friedhelm 1989: Parlamentskultur: Handlungsorientierungen von Bundestagsabgeordneten – eine empirisch explorative Studie. Zeitschrift für Parlamentsfragen, 20. Jg., Heft 3, 370–387.
Mill, John Stuart 1859: Dissertations and discussions. Political, philosophical, and historical. Volume II. London: John W. Parker and Son.
Mouffe, Chantal 2005: On the Political. London, New York: Routledge.
Mudde, Cas 2004: The Populist Zeitgeist. Government and Opposition, vol. 39, no. 4, 541–563.
Münkler, Herfried 1994: Zivilgesellschaft und Bürgertugend. Bedürfen demokratisch verfasste Gemeinwesen einer sozio-moralischen Fundierung? Antrittsvorlesung, 10. Mai 1993. Berlin: Humboldt-Universität zu Berlin, Fachbereich Sozialwissenschaften.
Pitkin, Hanna 1967: The concept of representation. Berkeley: University of California Press.
Popper, Karl 1957: Die offene Gesellschaft und ihre Feinde I. Der Zauber Platons. München: Francke.
Poulantzas, Nicos 2002: Staatstheorie. Politischer Überbau, Ideologie, Autoritärer Etatismus. Hamburg: VSA.
Reckwitz, Andreas 2019: Das Ende der Illusionen. Politik, Ökonomie und Kultur in der Spätmoderne. Berlin: Suhrkamp.

Runciman, David 2018: How democracy ends. London: Profile Books.

Saward, Michael 2006: The Representative Claim. Contemporary Political Theory, vol. 5, no. 3, 297–318.

Schumpeter, Joseph 1993 [1942]: Kapitalismus, Sozialismus und Demokratie. Tübingen: Francke.

Selk, Veith / Jörke, Dirk 2012: Der Vorrang der Demokratie. Die pragmatistische Demokratietheorie von John Dewey und Richard Rorty. In Oliver Lembcke / Claudia Ritzi / Gary Schaal (Hg.), Zeitgenössische Demokratietheorie. Band 1: Normative Demokratietheorien. Wiesbaden: Springer VS, 255–284.

Séville, Astrid 2025: Die Politisierung von ›Gesellschaft‹ – Ernesto Laclaus und Chantal Mouffes postmarxistische Theorie des Sozialen. In Heike Delitz / Julian Müller / Robert Seyfert (Hg.), Handbuch Theorien der Soziologie. Wiesbaden: Springer VS, 1–20.

Smith, Graham / Setälä, Maija 2018: Mini-publics and Deliberative Democracy. In André Bächtiger / John Dryzek / Jane Mansbridge / Mark Warren (eds.), The Oxford Handbook of Deliberative Democracy. Oxford: Oxford University Press, 300–314.

Stammer, Otto / Weingart, Peter 1972: Politische Soziologie. München: Juventa.

Steffani, Winfried 1979: Parlamentarische und präsidentielle Demokratie. Strukturelle Aspekte westlicher Demokratien. Opladen: Westdeutscher Verlag.

Stichweh, Rudolf / Ahlers, Anna L. 2021: The Bipolarity of Democracy and Authoritarianism and Its Societal Origins. In Anna L. Ahlers / Damien Krichewsky / Evelyn Moser / Rudolf Stichweh (eds.), Democratic and authoritarian political systems in 21st century world society. Volume 1 – Differentiation, Inclusion, Responsiveness. Bielefeld: transcript, 209–240.

Tocqueville, Alexis de 1978 [1856]: Der alte Staat und die Revolution. München: dtv.

Tocqueville, Alexis de 2002 [1835/1840]: Democracy in America. Hazleton: The Pennsylvania State University.

Weber, Max 1922: Wirtschaft und Gesellschaft. Grundriß der verstehenden Soziologie. Tübingen: J.C.B. Mohr.

Soziologie, 54. Jg., Heft 4, 2025, S. 448–464

Lehren, was man nicht weiß

Soziologische Aufklärung in der Zuspätmoderne[1]

Ulrich Bröckling

I.

Wer Abschied nimmt, schickt sich an, den Ort zu verlassen, an dem er oder sie noch ist, aber schon bald nicht mehr sein wird. Eine solche Schwellensituation lädt dazu ein, auf die Anfänge dessen zurückzublicken, was man im Begriff ist, hinter sich zu lassen. Deshalb möchte ich mit einem kurzen Ausflug in das Jahr 2007 beginnen, in dem ich meine erste Professur angetreten habe.

Ich war damals 48 Jahre alt. Die Denomination der neugeschaffenen Professur am Institut für Politikwissenschaft der Universität Leipzig lautete »Politik, Ethik, Rhetorik«. Der Schwerpunkt meiner Tätigkeit sollte in der Ausbildung der Lehramtsstudierenden liegen. Hinter mir lagen ein Fachhochschulstudium der Heilpädagogik und ein Magisterstudium der Soziologie, Geschichte und Philosophie. Das zweite Studium hatte ich mit einer Anstellung als Archivar und Sekretär des damals schon betagten Publizisten Walter Dirks finanzieren können. Es folgten acht Jahre als Lektor in einem Fachverlag für Soziale Arbeit, unterbrochen durch eine stipendiengeförderte Promotionszeit. Im Anschluss daran hatte ich in einem germanistischen Teilprojekt des Sonderforschungsbereichs *Literatur und Anthropologie* der Universität Konstanz gearbeitet und, ebenfalls in Konstanz, einige Jahre ein kulturwissenschaftliches Graduiertenkolleg koordiniert. Parallel zu diesen Tätigkeiten hatte ich meine Habilitationsschrift abgeschlossen. Als ich den Ruf

1 Leicht gekürzte Fassung meiner Abschiedsvorlesung an der Albert-Ludwigs-Universität Freiburg am 11. Juli 2025.

nach Leipzig erhielt in einem Fach, das ich niemals studiert hatte, beschränkten sich meine Lehrerfahrungen auf ein paar Seminare in Freiburg und Konstanz. Weder hatte ich je eine mündliche Prüfung abgenommen, noch eine Abschlussarbeit begutachtet, akademische Auslandserfahrungen hatte ich keine, und mein Konto der Einwerbung von Drittmitteln stand auf null. Vorweisen konnte ich allenfalls eine überschaubare Liste an Publikationen. Ein geradliniger akademischer Lebenslauf sieht anders aus.

Es wird Sie nicht wundern, dass ich mich vor dem Umzug nach Leipzig gefragt habe, ob ich den dort auf mich wartenden Aufgaben gewachsen sein oder nicht doch rasch als Hochstapler enttarnt werden würde. Zum Glück gab es in Freiburg damals (und gibt es immer noch) eine Buchhandlung, in der man Bücher findet, die man nie gesucht hat. Bücher, von denen man aber, nachdem man sie gefunden hat, sicher weiß, dass man die Buchhandlung allein ihretwegen aufgesucht hatte. In meinem Fall handelte es sich um den damals, zwanzig Jahre nach der französischen Erstveröffentlichung, gerade frisch in deutscher Übersetzung erschienenen Essay »Der unwissende Lehrmeister. Fünf Lektionen über die intellektuelle Emanzipation« des französischen Philosophen Jacques Rancière. In der Titelfigur glaubte ich unmittelbar meine eigene Situation wiederzuerkennen, und »intellektuelle Emanzipation«, das mochte ich mir gern auf meine didaktischen Fahnen schreiben. Das Buch hat mich seither begleitet, ich habe es wiederholt gelesen, noch öfter angehenden Kolleginnen und Kollegen aus Anlass des ersten Rufs geschenkt, und es war ein Schlüsseltext in den Seminaren, die ich sowohl in Leipzig wie später in Freiburg zu Rancières politischer Philosophie angeboten habe. So lag der Gedanke nahe, es auch in den Mittelpunkt der heutigen Abschiedsvorlesung zu stellen.

II.

Rancière, ehemaliger Mitarbeiter des marxistischen Philosophen Louis Althusser, linksradikaler Aktivist des Mai 68, lehrte seit 1969 an der Pariser Reformuniversität VIII in Vincennes. 1972 hatte er sich unter dem Einfluss Michel Foucaults in die Archive zurückgezogen und Forschungen über die literarischen Aktivitäten von Arbeitern im frühen 19. Jahrhundert aufgenommen. Aus den Archiven schöpft auch sein Buch über den »unwissenden Lehrmeister«. Rancière erzählt darin die zweihundert Jahre zurückliegende Geschichte des Professors Jean Joseph Jacotot. Dieser hatte während der

Revolutionsjahre und der napoleonischen Zeit eine bewegte Karriere hinter sich gebracht und war unter anderem als Rhetoriklehrer, Rechtsanwalt, Kapitän der Artillerie, Sekretär im Kriegsministerium, stellvertretender Direktor der École polytechnique und Dozent für Mathematik und klassische Sprachen tätig gewesen. Die Rückkehr der Bourbonen nach Frankreich hatte ihn ins belgische Exil gezwungen, wo er 1818 eine Professur für französische Literatur an der Universität Löwen antrat.

Jacotot sah sich dort unversehens mit Studenten konfrontiert, die kein Französisch verstanden, während er selbst nicht des Flämischen mächtig war. Weil es keine gemeinsame Sprache gab, in der er sie hätte lehren können, verfiel er auf ein Experiment, das zur Grundlage des von ihm entwickelten Universal-Unterrichts werden sollte: Er gab seinen Studenten eine zweisprachige Ausgabe von François Fénelons 1694 erschienenem utopischem Bildungsroman »Die Abenteuer des Telemach« an die Hand und ersuchte sie, sich den französischen Text Wort für Wort durch Vergleich der beiden Fassungen anzueignen, durch Gegenüberstellung des Bekannten mit dem Nicht-Bekannten also. Sobald sie auf diese Weise die erste Hälfte des Buchs entziffert hatten, »trug er ihnen auf, das Gelesene so oft zu wiederholen, bis sie es mit den Worten, die ihnen in der Ausgabe zur Verfügung standen, nacherzählen konnten, und so weiter bis zum Schluss des Romans zu verfahren« (Philipsen 2011: 60).

Was als Verlegenheitslösung gedacht war, entpuppte sich als erstaunlicher Erfolg: Alleingelassen mit dem *Telemach*, ohne Wörterbücher und Grammatiken, vor allem aber ohne, dass ihnen Jacotot selbst irgendetwas erklärt hatte, erschlossen sich seine Schüler die französischen Wörter, lernten, aus diesen Wörtern Sätze zu bilden, das Gelesene wiederzugeben und zu kommentieren. Jacotot zog daraus eine weitreichende Konsequenz: Wenn die Studenten ohne Erklärungen von seiner Seite sich selbst Französisch beigebracht hatten, dann müsste er sie auch »sich selbst etwas lehren lassen« können, »das er selbst nicht kannte, solange es nur für die Lernenden irgendeinen Bezugspunkt mit Bekanntem gab« (ebd.: 61). Jede und jeder weiß *etwas*, und wer *etwas* weiß, kann allein durch Vergleichen lernen, was er oder sie noch nicht weiß. »Hier unsre Regel«, heißt es in der deutschen Übersetzung seiner Programmschrift für den Universal-Unterricht: »Etwas lernen, alles Andere darauf beziehen, nach dem Grundsatze: Alle Menschen haben gleiche Intelligenz.« (Jacotot 1833: 572)

Jacotot erprobte seine Methode mit verblüffenden Ergebnissen unter anderem an einer Mädchenschule in Löwen, wo er ohne irgendwelche Vorkenntnisse Klavierspiel und Malerei unterrichtete. Schließlich ermutigte er sogar analphabetische Eltern, ihre Kinder im Lesen und Schreiben zu unterweisen. »[W]elches Kind hat nicht vom *Vater Unser* gehört, kann nicht ein Gebet auswendig?«, schildert Rancière das Vorgehen des unwissenden Lehrmeisters.

»In diesem Fall ist die Sache gefunden und der arme und unwissende Familienvater, der seinem Sohn lesen beibringen will, wird nicht in Verlegenheit geraten. Er wird wohl in der Nachbarschaft irgendeine freundliche Person finden, die gebildet genug ist, ihm dieses Gebet aufzuschreiben. Damit kann der Vater oder die Mutter die Bildung des Kindes beginnen, indem er oder sie es fragt, wo das *Vater* sei. ›Wenn das Kind aufmerksam ist, wird es sagen, dass das erste Wort, das auf dem Papier ist, *Vater* sein muss, da es das erste im Satz ist. *Unser* wird notwendigerweise das zweite Wort sein; das Kind wird diese zwei Wörter vergleichen, unterscheiden, kennen, und sie überall wiedererkennen können.‹ [...] Lehren, worin man unwissend ist, bedeutet, ganz einfach Fragen zu stellen, worin man unwissend ist. Man braucht kein Wissen, um derartige Fragen zu stellen.« (Rancière 2007: 43)[2]

Jacotots Erfolge sprachen sich herum, und bald pilgerten Interessierte aus dem In- und Ausland nach Löwen, um die Wirkungen des Universal-Unterrichts zu inspizieren. Seine Schriften wurden rasch in mehrere Sprachen übersetzt. Der niederländische Kronprinz überredete seinen Vater, Jacotot die pädagogische Leitung einer neugegründeten Militärakademie zu übertragen. Der Universal-Unterricht vertrug sich allerdings, wie Jacotot bald feststellte, schlecht mit der militärischen Anforderung, künftige Drillmeister auszubilden. Mit wachsender Bekanntheit schlug ihm aber auch heftiger Gegenwind entgegen: Die Professoren an der Universität spotteten über den einfältigen Kollegen, der seinen Studenten verkündete, »Ich muss Sie lehren, dass ich Sie nichts zu lehren habe.« (Rancière 2007: 25) Andere sorgten sich um etwaige politische Folgen: »Wenn man die Gleichheit der Intelligenzen proklamiert, wie sollen die Frauen da noch ihren Männern und die Bürger ihren Behörden gehorchen?« (Ebd.: 105)

Beweisen ließ sich die Egalität der geistigen Fähigkeiten nicht, handelte es sich doch um eine andere Intelligenz als jene, die ein Jahrhundert später in IQ-Tests gemessen werden sollte, um ihre Ungleichheit zu quantifizieren (vgl. Gould 1988). Für Jacotot bedeutete Intelligenz ganz einfach das Potenzial, lernen zu können. So wie Kinder sprechen lernen. Über dieses Potenzial verfügten alle, was schon daran zu erkennen war, dass es niemanden gab,

2 Inneres Zitat aus dem 4. Band des *Journal de l'émancipation intellectuelle* (1841/1842: 72).

der oder die nicht schon irgendetwas gelernt hatte. Die gleiche Intelligenz aller bedurfte keines Beweises, sie musste verifiziert, das heißt praktisch wahr gemacht werden. Ein erklärender Lehrmeister war dafür nicht nur überflüssig, sondern, schlimmer noch, er war geradezu schädlich, weil er die Gleichheit dementierte, indem er zwei Kategorien von Menschen unterschied, auf der einen Seite die Erklärer, auf der anderen die Erklärungsbedürftigen. In den Worten Rancières:

»Jemandem etwas erklären heißt, ihm zuerst zu beweisen, dass er nicht von sich aus verstehen kann. Bevor die Erklärung ein Akt des Pädagogen ist, ist sie der Mythos der Pädagogik, das Gleichnis einer Welt, die in Wissende und Unwissende geteilt ist, in reife Geister und unreife Geister, fähige und unfähige, intelligente und dumme.« (Rancière 2007: 16 f.)

Oder kürzer: Das Prinzip der Erklärung ist das Prinzip der Verdummung. »Die wichtigste Eigenschaft eines Lehrmeisters«, so Rancière, »ist deshalb die Tugend der Unwissenheit.« (Rancière 2010a: 1)

Die offensichtliche Tatsache, dass manche Menschen in ihren Lernanstrengungen weiter gelangten als andere, widersprach keineswegs dem Grundsatz gleichverteilter Intelligenz. Die Unterschiede belegten vielmehr ihren mehr oder minder stark ausgeprägten Willen, die eigene Intelligenz in Dienst zu nehmen und ihre Aufmerksamkeit auf das zu konzentrieren, worauf sie eine Antwort suchten. Nicht mangelndes Talent, sondern Trägheit war das Problem. Hinter jedem ›Ich kann das nicht‹ verbarg sich ein ›Ich will es nicht lernen‹. Der unwissende Lehrmeister ist denn auch kein abwesender oder antiautoritärer Lehrmeister. Er versucht nicht, schreibt der Erziehungswissenschaftler Gert Biesta,

»den Lernenden zu befreien, indem er die Autorität des Erziehers aus dem Bild nimmt, sodass sich Erziehung in Lernen auflöst – entweder individuelles Lernen oder kollektives Lernen. Der Pädagoge ist immer noch da, aber nicht als Erklärer, nicht als überlegene Intelligenz, sondern als Wille, als jemand, der die Anstrengung des Schülers einfordert und überprüft, ob eine Anstrengung unternommen worden ist.« (Biesta 2010: 544)

Statt Wissen zu übertragen, verifiziert der unwissende Lehrmeister Suchbewegungen. Der erklärende Lehrmeister dagegen gleicht dem Türhüter in Kafkas Parabel »Vor dem Gesetz«: Er bewacht das Tor zum Wissen und vertröstet diejenigen, die Einlass begehren, ad infinitum. Auf ihre Frage, ob sie später werden eintreten dürfen, antwortet er: »Es ist möglich«, »jetzt aber nicht«. (Kafka 1970: 131; vgl. Philipsen 2011: 64) Immer gibt es etwas, das sie zuvor noch erlernt, gibt es Prüfungen, die sie erst einmal bestanden haben müssen. Auch der unwissende Lehrmeister sieht seine Aufgabe freilich nicht darin, den Studierenden die Tür zu öffnen. Die steht ohnehin allen offen, die hineinwollen und die Mühe nicht scheuen. Ein Ärgernis für die »Schlüsselbewahrer des Tempels der Wissenschaft«. Was würde schließlich aus ihnen werden, schreibt Jacotot, »wenn Jemand aufträte und den Menschen sagte: Fordert von den Herren doch ja ihren Schlüssel nicht, jeder hat den seinen; nehmet euern eigenen; drehet geduldig um, bis es offen ist, und dann tretet ein.« (Jacotot 1833: 460) Der unwissende Lehrmeister wirkt der Zerstreuung entgegen, indem er die Aufmerksamkeit und Neugierde auf eine gemeinsame Sache lenkt. Damit sich alle auf diese Sache konzentrieren können, sorgt er, bildlich gesprochen, dafür, dass die Tür geschlossen bleibt. So entsteht ein Raum, wo Lehrende wie Lernende »als gleichberechtigt erscheinen können, ein Raum, in dem man sich selbst für ebenso fähig hält zu denken [und zu sprechen; UB] wie jeder andere: ein öffentlicher Raum« (Cornelissen 2010: 536).

So könnte, so sollte akademische Lehre aussehen, und es gehört zu den glücklichen Momenten meiner Lehrtätigkeit, wenn sich ein Seminar für kurze Zeit in einen solchen Ort kollektiver Konzentration auf und wechselseitiger Affizierung durch eine Sache verwandelte. Allerdings waren und sind diese Momente selten, eher unverhofftes Ereignis als Ergebnis planvollen Handelns. Weit häufiger ertappte ich mich in der Rolle des erklärenden Vermittlers, der sein Mehrwissen mittels didaktischer Fragen ausstellte. Spätestens, wenn eine Seminarteilnehmer:in ihre Wortmeldung mit der Formel begann, »Ich weiß nicht, ob Sie darauf hinauswollen …«, war klar, meine Frage hatte suggeriert, ich wüsste bereits, wie die richtige Antwort lautet.

Weder Rancières Buch über den unwissenden Lehrmeister noch die Schriften seines historischen Protagonisten liefern methodische Handreichungen für den universitären Alltag. Ihre Lektüre ist eher eine Quelle fortwährender Irritation. Sie stört und verstört, weil sie vermeintliche Gewissheiten des Lernens und Lehrens unterminiert. Als Manuale der Hochschuldidaktik taugen sie schon deshalb nicht, weil die Einwände gegen Jacotots und Rancières Ausführungen auf der Hand liegen: Der Universal-Unterricht beseitigt *erstens* nicht die jeder pädagogischen Situation innewohnende Asymmetrie, er verlagert die Autorität des erklärenden Lehrers auf die von ihm verkörperte Willenskraft sowie auf die Autorität des Buchs, das sich die Lernenden im Selbstunterricht aneignen sollen (Power 2010). *Zweitens*, wer erklärt, übt zwar Macht aus, aber nicht zwingend verdummende Macht. Zweifellos gibt es Formen des Erklärens, die sich auf spezifische Kenntnisse beschränken, und die Ungleichheit zwischen den Erklärern und denjenigen, denen etwas erklärt wird, lässt sich durch Reziprozität, Transparenz und Umkehrbarkeit der beiden Rollen verflüssigen. Nicht jeder Wunsch, etwas erklärt zu bekommen, ist eine Unterwerfung. *Drittens* verkürzt die strikte Trennung zwischen postulierter Gleichheit der Intelligenz und Ungleichheit der Willenskraft die intellektuelle Emanzipation auf eine Frage des inneren Antriebs. »Ein Individuum kann alles«, fasst Rancière Jacotots Mantra zusammen (2007: 71). Selbst wenn er betont, es handle sich keineswegs um eine »Methode für Draufgänger« (ebd.: 72), steckt in dem Satz doch die erzliberale Botschaft: Wer sein Ziel nicht erreicht, hat sich einfach nicht genug angestrengt. Es gibt kein ›Du kannst, wenn Du willst!‹ ohne ein ›Selber schuld!‹ Unklar bleibt schließlich *viertens*, wie sich der Wille konstituiert und warum er, anders als der Intellekt, so unterschiedlich verteilt sein soll. Muss man nicht auch das Wollen lernen (Pelletier 2012: 102)?

Jacotots Lektionen über die intellektuelle Emanzipation radikalisierten in der Restaurationsphase vor der Juli-Revolution von 1830 das aufklärerische Erziehungspathos, indem sie den verfeinerten Mechanismen pädagogischer Disziplinierung die Praxis egalitärer Selbstbildung entgegensetzten. Rancière wiederum antwortete mit seiner Vergegenwärtigung des unwissenden Lehrmeisters auf massive Studentenproteste, die 1986 ein Gesetzentwurf zum Umbau des französischen Universitätssystems ausgelöst hatte (Ross 1991: 57 f.). Sein Essay lässt sich zugleich als eine »veritable Anti-Soziologie« (Celikates 2014: 139) lesen, die insbesondere mit Pierre Bourdieu abrechnet. Dieser reproduziere Kraft seiner Theorie symbolischer Gewalt, so der Vorwurf, selbst eben jene sozialen Ausschlussmechanismen, die er am Bildungssystem kritisiere. Die Kinder der unteren Klassen, karikiert ihn Rancière, seien von der Universität »ausgeschlossen, da sie nicht wissen, warum sie ausgeschlossen sind; und sie wissen nicht, warum sie ausgeschlossen sind, da sie ausgeschlossen sind« (Rancière 2018: 264 f.). Wenn Bourdieu obendrein darauf beharre, allein das reflexive Wissen des Soziologen könne die den Akteuren selbst unbewussten Verkennungen aufdecken, beanspruche er einen überlegenen Zugang zur sozialen Wirklichkeit und richte sich »in der Position des ewigen Anklägers eines Systems ein, das über die Fähigkeit verfügt, sich vor seinen Agenten ewig zu verschleiern« (ebd.: 265). Vom Diskurs des »Soziologenkönigs«, so Rancières ironischer Titel für Bourdieu (2010b: 225 ff.), führe jedenfalls kein Weg zur Emanzipation.

III.

Die Spur dieser Kritik, für die es gute Gründe gibt, will ich jetzt nicht weiterverfolgen. Stattdessen springe ich in die Gegenwart. Wie stellt sich heute das Verhältnis von Wissen und Nichtwissen, Intelligenz und Willen, Erklären und Verifizieren dar? Was bedeutet Emanzipation, wenn schon das Wort wie ein Relikt aus einer Epoche klingt, in der die Versprechen der Aufklärung – Fortschritt, Mündigkeit, Gleichheit – noch vom Rückenwind der Geschichte getragen schienen? Wie verändern sich Lernen und Lehren, wenn Intelligenz nicht länger ausschließlich menschlichen Wesen vorbehalten ist, sondern maschinell generiert (beziehungsweise substituiert) wird? Wie steht es um die Haltbarkeit soziologischer Einsichten, wenn die Gegenwartsgesellschaft angesichts von Klimaerwärmung, Artensterben und nuklearer Vernichtungsdrohung tagtäglich ihre eigene »Unhaltbarkeit« demonstriert (Blühdorn 2024)? Wie verändert es die Soziologie, wie müsste es sie verändern, wenn sie eine Gesellschaft beobachtet, die nach Kräften dabei ist, ihren Fortbestand zu gefährden? Und was folgt daraus, dass es nicht an Wissen über die planetaren Gefährdungen mangelt, dieses Wissen aber offensichtlich nicht die erforderlichen Gegenmaßnahmen in Gang zu setzen vermag? Dass wir uns, um eine vielzitierte Sentenz zu bemühen, eher das Ende der Welt als das des Kapitalismus vorstellen können? Diesen Fragen gehe ich im zweiten Teil meines Vortrags nach.

Jacotots und Rancières Irritationen des pädagogischen Common Sense kreisten um die Frage, wie der menschliche Wille zu wissen freigesetzt werden kann, ohne zugleich seine Unterwerfung zu vertiefen. Diese Frage ist aktueller denn je, doch stellt sie sich heute auf andere Weise: Zwar verfestigen auch zeitgenössische Didaktiken lebenslangen Lernens die Kluft zwischen Wissenden und (Noch-)Nichtwissenden und faktisch hat sich die Ungleichheit der Bildungschancen in Schule und Hochschule in den letzten Jahrzehnten wieder verstärkt. Ein *game changer* sind indes die rasanten Fortschritte im Bereich der künstlichen Intelligenz und die Verfügbarkeit entsprechender Anwendungen für alle Internetnutzer:innen. Die Maschinisierung des Lernens und Lehrens sorgt dafür, dass die Abhängigkeit von digitalen Applikationen personale Autoritätsbindungen überlagert. Wozu noch einer Vorlesung folgen oder sich den Mühen konzentrierter Lektüre unterziehen, wenn ein digitaler Lehrmeister in Gestalt von *ChatGPT* und Co. binnen Sekunden auf jede Frage eine Antwort liefert? Warum Wort für Wort den *Telemach* durcharbeiten, um Französisch zu lernen, wenn *DeepL* den Roman auf Knopfdruck übersetzt? Das verführerische Versprechen lautet Aufwandsminimierung: »Dies scheint ein langes Dokument zu sein. Spare Zeit und sieh dir eine Zusammenfassung an«, drängt mir der *Acrobat Reader* jedes Mal seinen integrierten KI-Assistenten auf, wenn ich ein PDF öffne. Wer könnte dem widerstehen, wenn ein Abgabetermin naht?

Für ein Large Language Model sind alle Intelligenzen schon deshalb gleich, weil es alles Gesagte und Geschriebene gleichermaßen als Trainingsmaterial für stochastische Operationen verwendet. Eine Verifikation entfällt, da Wahrheitsansprüche ohnehin ausgesetzt sind. Mithilfe statistischer Wort- und Satzfolgewahrscheinlichkeiten erledigt die große Erklärmaschine das, was wohlmeinende Lehrende selbst stets als Ziel ihrer pädagogischen Bemühungen ausgegeben haben: Sie macht sie überflüssig. Eine Kränkung, die die meisten Lehrenden sich nur deshalb nicht einzugestehen trauen, weil sie nicht als technophobe Fortschrittsverweigerer dastehen wollen. Für den Komfort, die Fabrikation von Wissen an KI-Werkzeuge delegieren zu können, zahlen die User:innen den Preis fortwährender Selbstverkleinerung. Selbstlernende Maschinen ersparen ihnen, selbst lernen zu müssen. Gut möglich, dass die Menschen jenen Makel gar nicht mehr spüren, den der Philosoph Günther Anders »prometheische Scham« genannt hat: das unabweisbare Minderwertigkeitsgefühl in der technisierten Welt, den selbst geschaffenen Werkzeugen hoffnungslos unterlegen zu sein (Anders 1985: 20 ff.). Dass ChatGPT und Co. keinen Prompt unbeantwortet lassen, dass jede Erklärung eine theoretisch endlose Serie weiterer Prompts und weiterer Erklärungen initiieren kann und dass die so erzeugten Texte die Sprachmodelle weiter trainieren, stellt eine besonders smarte Version von Verdummung dar. Karl Marx hat vom Kapital als »Geld heckendes Geld« gesprochen (Marx 1970: 63). Die generativen KI-Werkzeuge zur Texterstellung produzieren Erklärungen heckende Erklärungen. Man kommt mit ihnen ziemlich weit, sonst würde sich ihre Nutzung nicht in solchem Tempo ausbreiten, doch kommt man in Wahrheit niemals an. Man kann mit ihnen Aufnahmeprüfungen bestehen, Abschlussarbeiten optimieren oder gleich ganz erstellen, und seit kurzem kann man sogar KI-generierte Projektanträge bei der Deutschen Forschungsgemeinschaft einreichen (DFG 2023). Eines bieten die digitalen Erklärmeister jedoch nicht: intellektuelle Emanzipation, den »Ausgang des Menschen aus seiner selbstverschuldeten Unmündigkeit« (Kant 1923: 33). Stattdessen »Durchschnitt von allem, überall und gleichzeitig« (Chayka 2025).

IV.

Jacotot verzichtete nicht auf Erklärungen, weil er keine hätte geben können, sondern weil er überzeugt war, dass seine Schülerinnen und Schüler sich alles, was sie wissen wollten, selbst aneignen konnten. Was diese im Einzelnen für wissenswert hielten, ergab sich aus den Erfordernissen ihrer Lebensrealität, speiste sich aber auch aus einem vergleichsweise unangefochtenen kulturellen Kanon. Der unwissende Lehrmeister kritisierte die Pädagogik der Belehrung, aber nicht die Wahrheitsansprüche des auf diese Weise vermittelten Wissens. Ein solches Vertrauen in die Tragfähigkeit und Relevanz der epistemischen Bestände ist der Soziologie fremd. Soziolog:innen lernen bereits im ersten Semester, dass Wissen gesellschaftlich konstruiert, das heißt, durch die Vergesellschaftungsformen imprägniert ist, in denen es wirksam wird. Bezieht man diese Einsicht auf die Soziologie selbst, so folgt daraus, dass auch ihre eigenen Begriffe, Theorien, Methoden und empirischen Befunde einen historischen Index tragen.

Die Soziologie ist eine Modernewissenschaft in zweifachem Sinne: Sie ist eine wissenschaftliche Selbstbeobachtung *moderner Gesellschaften*, und sie beobachtet diese Gesellschaften in den *Kategorien der Moderne*. Zu den wichtigsten dieser Kategorien zählen, wie der Historiker Reinhart Koselleck herausgearbeitet hat, ein offener Zukunftshorizont und die radikale Dynamisierung der Zukunftsbezüge (Koselleck 1979: 17 ff., 349 ff.). Im Denken der Soziologie erscheint die Geschichte der Moderne als, wenn auch krisenhafter und von Regressionen bedrohter, Prozess des Fortschritts. Nicht zwingend als Aufstieg zum Besseren, aber doch als Prozess fortschreitender Differenzierung, Rationalisierung, Individualisierung, Zivilisierung, Technisierung und so weiter. Die Einheitlichkeit dieses Prozesses wurde zu Recht in Zweifel gezogen und seine Bewertungen gehen weit auseinander, aber auch die Soziologie der *multiple modernities* oder post- und dekoloniale Kritiken am Eurozentrismus soziologischer Modernisierungstheorien (vgl. Eisenstadt 2000; Bhambra 2007)[3] bleiben im Bann einer – dann pluralisierten beziehungsweise negativ gewendeten – Fortschrittserzählung. Einflussreich sind temporale Gliederungsversuche, die unterscheiden zwischen einer zumeist auf das lange 19. Jahrhundert datierten bürgerlichen oder liberalen Moderne, der klassischen, industriellen oder organisierten Moderne, die im frühen 20.

3 Für einen Überblick über die soziologische Modernediskussion siehe Knöbl (2012).

Jahrhundert einsetzte, und der Spätmoderne, die aus dem Strukturwandel seit den 1970er Jahren hervorgegangen ist und bis in die Gegenwart reicht.[4]

Dem Begriff Spätmoderne haftet, ähnlich wie seinerzeit dem des Spätkapitalismus, ein Rest spekulativer Geschichtsphilosophie an. Von der Spätmoderne zu reden, ergibt semantisch nur Sinn im Rahmen einer historischen Prozesslogik, die die Gegenwart als letzte Stufe der Moderne begreift und deren baldiges Ende erwartet. ›Spät‹ ist eine zeitliche Relation, die sich schwerlich auf Dauer stellen lässt. Wie der Historiker Philipp Sarasin mit kritischem Blick auf den Begriff der Spätmoderne bemerkt hat, kann »man bekanntlich vom Spätnachmittag nur dann reden [...], weil man mit Bestimmtheit weiß, dass es Abend werden und ein neuer Tag anbrechen wird.« (Sarasin 2021: 28 f.) Gegenwartsdiagnosen im Zeichen der Spätmoderne sind deshalb mit einem Widerspruch konfrontiert: Einerseits müssen sie das nahe Ende dieser Gesellschaftsformation antizipieren – sonst ergäbe das Attribut ›spät‹ keinen Sinn–, andererseits müssen sie gegen dieses befürchtete Ende Strategien des Zukunftsmanagements in Anschlag bringen – sonst wären sie nicht länger ›modern‹. Mit anderen Worten: In der Spätmoderne zu leben, ist eine paradoxe Aufgabe. Sie verlangt, mit radikaler Diskontinuität zu rechnen und gleichzeitig auf Kontinuität zu setzen. Wer Spätmoderne sagt, glaubt zwar nicht an die Zukunftsfähigkeit der Gegenwart, hofft aber dennoch auf ihr Fortbestehen, weil alles, was danach kommen könnte, nur schrecklicher werden kann.

Auf die Erschütterung dieses Zeitbewusstseins und Zeitgefühls zielt der Begriff der Zuspätmoderne, den ich in den Titel meiner Abschiedsvorlesung aufgenommen habe. Er setzt ein Fragezeichen hinter das, wenn auch gebrochene, Festhalten am Modernenarrativ mit seiner Erwartung, dass sich für die Probleme von heute irgendwann später schon Lösungen finden werden und, falls nicht, immer noch die Möglichkeit des Weiterwurstelns bleibt. Im Befund des ›Zu spät‹ artikuliert sich die höchst beunruhigende Überzeugung, dass die Zukunft als »Problemdeponie« (Albrecht Koschorke) ausfällt. Jede Hitzewelle erinnert uns daran, dass dies voraussichtlich der kühlste Sommer ist, den wir noch erleben werden. Als fossile Moderne ist die Zuspätmoderne unhintergehbar mit der Endlichkeit ihrer Ressourcen und den fatalen Auswirkungen ihres Verbrauchs konfrontiert, als thermonukleare Moderne damit, dass die technische Fähigkeit zur kollektiven Selbstvernichtung nicht mehr aus der Welt zu schaffen ist. Nicht offene, sondern verstellte Zukunft ist die zeitliche Signatur dieser sich selbst destruierenden Moderne, in der

4 Vgl. exemplarisch mit differierenden Begrifflichkeiten Wagner (1995) und Reckwitz (2021: 23 ff. und insbesondere 99 ff.).

Katastrophenszenarien und Untergangsimaginationen diskursive wie affektive Macht gewinnen. Ihr ›Zu spät‹ spricht keine Gewissheit aus, sondern eine unablässig bohrende Warnung.

In dem Maße, in dem die Gegenwart als unhaltbar und ihre Verlängerung in die Zukunft ausgeschlossen erscheint, verliert auch das durch und durch der Moderne verhaftete soziologische Wissen an Orientierungskraft. Eine historisch fundierte Gesellschaftstheorie vermag zwar zu rekonstruieren, welche lang zurückliegenden Weichenstellungen den Weg in die Zuspätmoderne gebahnt haben. Im Rückgriff auf Erkenntnisse der Erdsystemwissenschaft kann die Umweltsoziologie angeben, welche planetaren Grenzen bereits überschritten, welche Kipppunkte und Kaskadeneffekte zu erwarten sind und warum ein Kollaps der gesellschaftlichen Institutionen möglich, wenn nicht wahrscheinlich ist. Soziologische Handlungstheorien schließlich können begreiflich machen, warum Menschen an jenen Wachstumsimperativen festhalten, die ihre Lebensgrundlagen gefährden. Auf die Frage allerdings, wie die Kluft zu schließen wäre zwischen dem, was in dieser Situation Not täte, und dem, was tatsächlich geschieht, auf diese Frage hat die Soziologie wenig mehr zu bieten als ohnmächtige Kataloge von Wünschbarkeiten. Wie sollte sie auch? Von der Anmaßung, den Rang einer akademischen Königsdisziplin mit universeller Zuständigkeit einzunehmen, hat sich das Fach zum Glück ebenso verabschiedet wie von sozialtechnokratischen Planbarkeitsillusionen. Warum sollten ausgerechnet Soziolog:innen über einen privilegierteren Zugang zu Wissen verfügen als andere Zeitgenoss:innen?

Für Studierende der Soziologie birgt das eine ernüchternde Einsicht: Gerade auf die Fragen, die sie am meisten bedrängen, bleiben ihnen die Lehrenden eine Antwort schuldig. Diese wiederum finden sich in der prekären Lage, entweder die allzu verständlichen Wünsche der Studierenden nach Orientierung zu enttäuschen oder sie mit Wissen abzuspeisen, das sie im Zweifelsfall von den dringlichen Fragen fernhält. Nicht die hehren Ideale intellektueller Emanzipation machen sie zu unwissenden Lehrmeistern, sondern die Aporien der selbstzerstörerischen Gegenwart. Vielleicht müssen die Lehrenden sogar einsehen, dass sie weniger wissen beziehungsweise wissen wollen als jene, die sie unterrichten. Nicht auszuschließen, dass die Blockierer:innen der *Letzten Generation*, die *Studis gegen rechts* oder die Mitglieder eines ökofeministischen Lesezirkels, die in ihren Seminaren sitzen, mehr von der zuspätmodernen Kondition verstanden haben als der Dozent für Netzwerkanalyse oder die Spezialistin für Max Webers Herrschaftssoziologie. Wer es vermeidet, sich intellektuell und affektuell mit den Gefährdungen menschlicher Lebensformen auseinanderzusetzen, wird schwerlich herausfinden, was ihnen entgegenzusetzen wäre. Die Älteren, meine Generation also, haben schon deshalb wenig Anlass zu Besserwisserei, weil unsere Lebenszeit zusammenfällt mit jenen Jahrzehnten, in denen die Kurven des Ressourcenverbrauchs und der Erderwärmung immer steilere Anstiege verzeichneten. So fragwürdig aus soziologischer Sicht personalisierte Schuldzuschreibungen sein mögen, ganz falsch liegen die Jüngeren nicht, wenn sie uns vorhalten, wir, die Boomer, hätten es verbockt.

Der Gedanke, dass der Zeitpunkt verpasst worden sein könnte, an dem der Zukunftshorizont noch offenzuhalten war, ist schwer erträglich. Lehrende wie Lernende sind damit konfrontiert, dass vom Wissen kein direkter Weg zum Handeln führt und enorme psychische Energien darauf verwendet werden, die Konsequenzen dieser Einsicht auf Distanz zu halten. Die slowenische Psychoanalytikerin Alenka Zupančič hat die widersprüchliche, wenn nicht schizoide Haltung gegenüber den fortlaufenden Unheilsbotschaften im Rückgriff auf den Begriff der Verleugnung beschrieben, wobei Verleugnung nicht ein blankes Zurückweisen von Wissen meint. Sie deutet es vielmehr als ein »Ich weiß sehr wohl, aber trotzdem«:

> »Etwas zu verleugnen«, schreibt die Psychoanalytikerin, »bedeutet nicht dasselbe wie es abzustreiten oder zu verneinen. Ganz im Gegenteil, wir sprechen ja über diese ›Bedrohungen‹ und erkennen sie in vollem Umfang an. [...] Die Veränderungen und katastrophalen Zukunftsaussichten haben etwas Drastisches und Traumatisches an sich, das uns wachrütteln sollte, es aber nicht zu tun scheint. Indem wir eine Formulierung Lacans über Albträume aufgreifen, können wir es noch genauer fassen: Wir erwachen, um weiter zu träumen. Albträume zeichnen sich dadurch aus, dass in ihnen ein Reales erscheint, das realer, traumatischer und erschütternder ist als unsere Alltagsrealität. Als Reaktion darauf wachen wir auf und verkünden, dass wir wach sind, jedoch nur, um weiter träumen zu können, unberührt von dem Realen zu leben, das gerade erschienen ist.« (Zupančič 2023: 31; vgl. Zupančič 2024)

Weil das Unerträgliche nicht nicht gewusst werden kann, verwandelt sich das Wissen selbst in ein Anästhetikum. Um den Gedanken zuzuspitzen: Auch Soziologie zu studieren und erst recht, daraus einen Beruf zu machen, kann eine Art von Abwehrzauber sein, der Versuch, sich hinter dem »Ich weiß sehr wohl, aber trotzdem« zu verschanzen, um so die eigene Angst zu bannen. Dagegen ist nichts einzuwenden, außer dass es nicht funktioniert. Abgeklärtes Bescheidwissen bietet so wenig Schutz gegen den Einbruch des Realen wie heiß laufende Dauerempörung. Soziologische Aufklärung hieße demgegenüber, sich in einen gemeinschaftlichen Aufwachraum zu begeben, in dem die Albträume geteilt werden können, ohne die verstörende Ahnung des ›Zu spät‹ sofort wieder zu betäuben. Wenn es dafür eines Lehrmeisters bedarf, dann zeichnete sich dieser weder durch stoische Coolness noch durch prophetischen Eifer aus, sondern durch die Bereitschaft, sich affizieren zu lassen und so anderen dasselbe zu ermöglichen. Seine Kunst bestünde darin, kollektive Suchbewegungen zu initiieren, beharrliche Konzentration einzufordern, intellektuelle Ausweichmanöver und andere Versuche affektiver Normalisierung zu erschweren und sich nicht gegen aufkommende Resignation, Trauer oder Wut abzudichten. Er verbärge nicht sein Wissen, verleugnete aber auch nicht dessen Grenzen und seine Unsicherheit, wie es wirksam gemacht werden kann.

Aber spielt ein solches Rollenskript nicht wider Willen denjenigen in die Hände, die zum Angriff auf die Wissenschaft blasen? Braucht es gegen den grassierenden Obskurantismus nicht wissenschaftliche Autoritäten und klare Trennlinien zwischen Expert:innen und Lai:innen? Solchen Einwänden ist entgegenzuhalten: Es sind die wissenschaftsfeindlichen Obskurant:innen selbst, die Klimaleugner:innen und Verschwörungsmytholog:innen, die die Unterscheidung zwischen wahr und falsch dadurch ad absurdum führen, dass sie noch für die krudesten Thesen Erklärungen parat haben und nicht müde werden, die Überlegenheit ihres aus verborgenen Quellen geschöpften Gegenwissens zu behaupten. Der unwissende Lehrmeister suspendiert demgegenüber keinesfalls den Anspruch auf wahrheitsfähige Aussagen, er insistiert freilich darauf, dass jede und jeder – den Willen dazu vorausgesetzt – über die Fähigkeit verfüge, sich Verfahren der Wahrheitsprüfung anzueignen und pseudowissenschaftliches Geraune zurückzuweisen. Nimmt man Jacotots und Rancières Axiom der Gleichheit der Intelligenzen ernst, müsste man allerdings noch einen Schritt weitergehen und auch den gleichermaßen heroisch wie patriarchal kontaminierten Begriff des Lehr*meisters* hinter sich lassen. Soziologische Aufklärung auch und gerade im Zeichen der Zuspätmoderne ist ein Diskurs ohne Meister.

V.

Ich komme zum Schluss und wechsle dazu noch einmal in die erste Person Singular. In den vergangenen Monaten bin ich häufig gefragt worden, ob ich mich auf den bevorstehenden Ruhestand freue und welche Pläne ich habe.

Auf diese Fragen möchte mit einem Denkbild antworten. Biografische Übergänge sind Wegscheiden, insofern ist es kein Zufall, wenn mein Blick in letzter Zeit häufiger auf dieses Foto fiel, das seit langem in meinem Büro hängt. Aufgenommen habe ich es in Kreuzlingen am Bodensee, der schweizerischen Nachbarstadt von Konstanz, wo ich 2016/17 ein Jahr als Fellow des Kulturwissenschaftlichen Kollegs verbringen durfte.

© *Ulrich Bröckling*

Die Wegweiser auf dem Foto zeigen in drei Richtungen: Nach links beziehungsweise zurück zeigt das Schild »Theorielokal«. Das Wort ist nicht nur ein Helvetismus für den Schulungsraum einer Fahrschule, sondern auch ein wunderbarer Name für die Universität, so wie ich sie verstehe. Keine Lehranstalt, keine Forschungsfabrik, kein Exzellenztheater, obwohl sie das alles zweifellos auch ist. Ein Theorielokal braucht keine »Leuchttürme an den Schnittstellen«, wie es die Freiburger Rektorin vor einiger Zeit in einem Interview für die Universität gefordert hat. Ebenso wenig ist es ein Ort der »Einsamkeit und Freiheit«, um den Titel von Helmut Schelskys (1963) berühmtem Buch über »Idee und Gestalt der deutschen Universität« zu zitieren. Theorielokal, das hat einen Beiklang von Geselligkeit, die Uni als ein Raum, in dem man zusammenkommt und sich wechselseitig etwas zu denken gibt. Soziologisch gesprochen, eine Gelegenheitsstruktur. Ein gastfreundlicher Ort für gemeinsames Nach- und Vordenken, für das Geben und Nehmen von Gründen, ein Ort der Verständigung und des Dissenses. Ich bin sehr dankbar dafür, viele Jahre Stammgast und Mitbetreiber dieses

Lokals gewesen zu sein. Jetzt werde ich es verlassen, werde aber sicher ab und an noch mal aufkreuzen.

Beim Schild »Parkplatz Theorie« muss ich an die Bibliothek denken, wo die Theorien in den Regalen aufgereiht stehen. Mit »Parkplatz Theorie« assoziiere ich außerdem meinen Lesesessel und mein Stehpult zuhause. Da werde ich künftig mehr Zeit zwischen und mit den Theorien verbringen. Ich freue mich auf die anstehenden Schreibprojekte, die zu verwirklichen mir der Uni-Alltag in den zurückliegenden Jahren versagt hat. Den ausgewilderten Soziologen mit Sympathie für anarchistische Freigeister wie Jacotot und Rancière zieht es allerdings, Sie werden es schon vermuten, vor allem ins offene Gelände. Also: Solltet Ihr mich künftig suchen, dann schaut bei den Wildvögeln. Vielen Dank!

Literatur

Anders, Günther 1985 [1956]: Die Antiquiertheit des Menschen, Bd. 1: Über die Seele im Zeitalter der zweiten industriellen Revolution, 7., unveränderte Auflage, München: C. H. Beck.

Bhambra, Gurminder K. 2007: Rethinking Modernity. Postcolonialism and the Sociological Imagination. Basingstoke: Palgrave Macmillan.

Biesta, Gert 2010: Learner, Student, Speaker: Why it matters how we call those we teach. Educational Philosophy and Theory, vol. 42, no. 4/5, 540–552.

Blühdorn, Ingolfur 2024: Unhaltbarkeit. Auf dem Weg in eine andere Moderne, Berlin: Suhrkamp

Celikates, Robin 2014: Kritik der pädagogischen Vernunft. Bourdieu, Rancière und die Idee einer kritischen Sozialwissenschaft. In Jens Kastner / Ruth Sonderegger (Hg.), Pierre Bourdieu und Jacques Rancière. Emanzipatorische Praxis denken, Wien: Turia + Kant, 123–146.

Chayka, Kyle 2025: A.I. is homogenizing our thought. The New Yorker, 25 June 2025.

Cornelissen, Goele 2010: The Public Role of Teaching: To keep the door closed. Educational Philosophy and Theory, vol. 42, no. 4/5, 523–539.

DFG – Deutsche Forschungsgemeinschaft 2023: KI, ChatGPT und die Wissenschaften – DFG formuliert Leitlinien für Umgang mit generativen Modellen zur Text- und Bilderstellung. Pressemitteilung Nr. 39 vom 21. September 2023.

Eisenstadt, Shmuel N. 2000: Die Vielfalt der Moderne. Weilerswist: Velbrück.

Gould, Stephen Jay 1988: Der falsch vermessene Mensch. Frankfurt am Main: Suhrkamp.

Jacotot, Joseph 1833: Universal-Unterricht oder Lernen und Lehren nach der Natur-Methode. Zweibrücken: Ritter.

Kafka, Franz 1970: Vor dem Gesetz. In Franz Kafka, Sämtliche Erzählungen. Frankfurt am Main: Fischer Taschenbuch Verlag, 131–132.

Kant, Immanuel 1923 [1784]: Beantwortung der Frage: Was ist Aufklärung? Kants gesammelte Schriften, Bd. VIII. Berlin, Leipzig: Walter de Gruyter & Co, 33–42.

Knöbl, Wolfgang 2012: Beobachtungen zum Begriff der Moderne. Internationales Archiv für Sozialgeschichte der deutschen Literatur. 37. Jg., Heft 1, 63–78.

Koselleck, Reinhart 1979: Vergangene Zukunft. Zur Semantik geschichtlicher Zeiten, Frankfurt am Main: Suhrkamp.

Marx, Karl 1970 [1885]: Das Kapital. Kritik der politischen Ökonomie. Zweiter Band. Hrg. v. Friedrich Engels. Marx-Engels-Werke Band 24. Berlin: Dietz Verlag.

Pelletier, Caroline 2012: No Time or Place for Universal Teaching: The Ignorant Schoolmaster and Contemporary Work on Pedagogy. In Jean-Philippe Deranty / Alison Ross (eds.), Jacques Rancière and the Contemporary Scene. The Philosophy of Radical Equality. London, New York: Continuum, 99–115.

Philipsen, Bart 2011: Die profane Lesestunde des »unwissenden Lehrmeisters«. Jacques Rancière und das Nicht-Wissen der Literatur. Zeitschrift für interkulturelle Germanistik, 2. Jg., Heft 2, 59–76.

Power, Nina 2010: Axiomatic Equality. Rancière and the politics of contemporary education. Eurozine, 1 July 2010, https://www.eurozine.com/axiomatic-equality/, letzter Aufruf am 21. Juli 2025.

Rancière, Jacques 2007: Der unwissende Lehrmeister. Fünf Lektionen über die intellektuelle Emanzipation. Wien: Passagen Verlag.

Rancière, Jacques 2010a: On Ignorant Schoolmasters. In Gert Biesta / Charles Bingham, Jacques Rancière. Education, Truth, Emancipation. With a new essay by Jacques Rancière. London: Continuum, 1–24.

Rancière, Jacques 2010b: Der Philosoph und seine Armen. Wien: Passagen Verlag.

Rancière, Jacques 2018: Die Ethik der Soziologie. In Thomas Linpinsel / Il-Tschung Lim (Hg.), Gleichheit, Politik und Polizei: Jacques Rancière und die Sozialwissenschaften, Wiesbaden: Springer VS, 249–273.

Reckwitz, Andreas 2021: Gesellschaftstheorie als Werkzeug. In Andreas Reckwitz / Hartmut Rosa, Spätmoderne in der Krise. Was leistet die Gesellschaftstheorie, Berlin: Suhrkamp.

Ross, Kristin 1991: Rancière and the Practice of Equality. Social Text, no. 29, 57–71.

Sarasin, Philipp 2021: 1977. Eine kurze Geschichte der Gegenwart. Berlin: Suhrkamp.

Schelsky, Helmut 1963: Einsamkeit und Freiheit. Idee und Gestalt der deutschen Universität und ihrer Reformen. Reinbek bei Hamburg: Rowohlt.

Wagner, Peter 1995: Soziologie der Moderne. Freiheit und Disziplin. Frankfurt am Main, New York: Campus.

Zupančič, Alenka 2023: Die Apokalypse enttäuscht (noch) immer. In Alexander García Düttmann / Marcus Quent (Hg.), Die Apokalypse enttäuscht. Atomtod Klimakatastrophe Kommunismus, Zürich: Diaphanes. 27–53.

Zupančič, Alenka 2024: Disavowal. Cambridge, Hoboken, NJ: Polity Press.

Soziologie, 54. Jg., Heft 4, 2025, S. 465–483

»Wir brauchen neue Stimmen, exzellente Stimmen«

Vision, Entscheidung und Revision in soziologischen Texten[1]

David Stark

Einleitung

Wir Sozialwissenschaftler:innen forschen; wir lehren und betreuen jüngere Wissenschaftler:innen; und wir diskutieren Theorien und Ergebnisse auf Workshops und Konferenzen. Über die Durchführung von Forschungsarbeiten wissen wir eine ganze Menge. Professor:innen erläutern in Seminaren für Hochschulabsolvent:innen und bei der Verteidigung von Dissertationen ausführlich die Herausforderungen, die mit der Anpassung von Forschungsmethoden an Forschungsprobleme verbunden sind; die Literatur über Datenerfassung, Theorie und Analyseinstrumente könnte ganze Bibliotheken füllen. Über die Kunst des Lehrens und Betreuens ist weniger geschrieben worden,[2] und noch weniger darüber, wie man seine Fähigkeiten bei der Präsentation seiner Arbeit vor einem akademischen oder öffentlichen Publikum verbessern kann.[3]

---

1 *Anm. der Redaktion:* Der vorliegende Text ist die leicht gekürzte und ins Deutsche übertragene Einführung in den Band *Practicing Sociology* (Stark 2024). Der Abdruck erfolgt mit freundlicher Genehmigung der Columbia University Press.

2 Als Ausnahme siehe Becker (o.J.).

3 Über das Präsentieren in der Öffentlichkeit, auch in Ausnahmefällen, siehe Stein und Daniels (2017). Zum Schreiben gibt es einige ausgezeichnete Leitfäden, darunter Becker (2008) und Eco (2015).

Es gibt noch andere Tätigkeiten, die zum Kernbereich des sozialwissenschaftlichen Berufs gehören, die aber fast völlig im Verborgenen bleiben. Sie werden nicht in Büchern oder Artikeln erwähnt, und unabhängig davon, wie wichtig sie für die Entwicklung eines erfolgreichen Sozialwissenschaftlers sind, werden sie selten, wenn überhaupt, im Rahmen der akademischen Ausbildung behandelt. Ich denke dabei an drei solcher Tätigkeiten. Ein guter Sozialwissenschaftler, eine gute Sozialwissenschaftlerin muss nicht nur forschen, lehren und seine beziehungsweise ihre Arbeit präsentieren, sondern auch (1) überzeugende Forschungsthemen finden, und zwar nicht nur einmal, sondern immer wieder, (2) eine Publikationsstrategie entwickeln und (3) lernen, wie man ein Manuskript verbessert, während man den Begutachtungsprozess durchläuft.

Das Wissen über solche Praktiken ist nicht tabu oder geheimnisvoll, sondern implizit. Es ist nicht explizit oder kodifiziert und wird als solches nicht gelehrt. Dieses Wissen wird – zuweilen mühsam – im Laufe einer wissenschaftlichen Karriere erworben.

Implizites Wissen ist jedoch nicht zwangsläufig von bewusster Reflexion ausgeschlossen. Es lässt sich zwar nicht kodifizieren oder auf Formeln, Schritte oder Rezepte reduzieren, doch kann es aus dem Schatten geholt, beleuchtet und entmystifiziert werden.

Praktizierende Soziolog:innen

Warum spreche ich von »praktizierenden Soziolog:innen«? Um dieses Konzept zu erläutern, ziehe ich die einleitenden Bemerkungen heran, die ich vor den neuen Doktorandenkohorten in den soziologischen Fakultäten der Columbia (wo ich zweimal einen Lehrstuhl innehatte) und der Cornell gemacht habe (wo ich während eines Großteils meiner Zeit als Leiter der Graduiertenstudien tätig war). Sobald sich am Morgen der Einführungsveranstaltung alle um den Tisch versammelt hatten, sagte ich: »Hallo, ich bin David Stark und möchte Sie im Fachbereich Soziologie willkommen heißen.« Als Nächstes würde ich eine Pause einlegen (natürlich für den dramatischen Effekt), und dann sagen: »Wenn Sie an der medizinischen Fakultät wären, würden Sie genau jetzt, zu Beginn Ihrer Ausbildung zum Arzt, alle aufstehen und den hippokratischen Eid ablegen.« Alle sehen mich und einander an und fragen: »Was soll das? Warum erzählt er uns das?« Und ich würde fortfahren:

»Im Medizinstudium ist das Ablegen des Hippokratischen Eids ein entscheidender Moment, in dem man begreift, dass sich etwas in seinem Leben verändert hat. In der Soziologie gibt es keinen hippokratischen Eid, aber ich möchte, dass Sie verstehen, dass Sie von diesem Moment an kein Student mehr sind. Sie sind praktizierende Soziologen.«

Mit der Geste des Basketballspielers, der Freiwürfe wirft, würde ich dann sagen: »Ich bin praktizierender Soziologe. Ich praktiziere jeden Tag Soziologie.« In den nächsten etwa fünfzehn Minuten würde ich verschiedene Möglichkeiten zeigen, wie der Begriff der praktizierenden Soziologie ihr zukünftiges Rollenverständnis verändern könnte. Während zum Beispiel Studierende passiv an die Kursarbeit herangehen, sind praktizierende Soziolog:innen aktiver (kritisch und wertschätzend) engagiert. Aktives Engagement beginnt und endet nicht damit, Kritik zu üben (das studentische Äquivalent zum Schreiben von Restaurantkritiken), sondern damit, jede Vorlesung, jedes Seminar, jede Gastrednerin als eine Begegnung mit einem potenziellen Werkzeug zu betrachten – sei es eine theoretische Einsicht, eine methodologische Innovation oder ein scharfsinniges Forschungsdesign –, das die eigene Praxis als Soziologe beeinflussen könnte.

Außerdem bedeutet die Betonung der »Praxis«, dass man sich immer verbessern kann. Sie müssen üben. Manchmal schießt man daneben, aber je mehr man übt, desto mehr Fähigkeiten erwirbt man. Es ist eine lebenslange Tätigkeit. Aus diesem Grund nennen mich meine Studierenden zwar »Professor Stark«, aber in Interaktionen wie den Doktorandenseminaren bin ich »David«. Obwohl wir nicht den gleichen Status haben, sind wir alle Mitglieder der gleichen Gemeinschaft von praktizierenden Soziolog:innen. Die gleiche Haltung gilt auch umgekehrt. Wie ich den Teilnehmer:innen zu Beginn des Semesters eines jeden Doktorandenseminars sage: »Ich bin hier, um zu lernen. Je mehr Sie mir beibringen und je mehr wir alle voneinander lernen können, desto besser wird dieser Kurs sein.«

Doppelte Sicht: Begegnung mit einem neuen Forschungsthema

Erinnern Sie sich an Ratschläge, die Sie während Ihrer Schul- und Studienzeit erhalten haben. Wenn es Ihnen wie mir geht, hat wahrscheinlich mehr als eine Person in Ihrem Alter etwas gesagt wie: »Konzentrieren Sie sich!«

Vielleicht hat ein Freund oder ein Berater in jüngerer Zeit, ohne die Sportmetapher »den Ball im Auge behalten« zu verwenden, verschiedene Ausdrücke gebraucht, um Sie daran zu erinnern, dass Sie einen klaren, fokussierten Blick auf Ihrem Weg zu Ihrem Ziel haben sollten.

Der Yankee-Philosoph Yogi Berra äußerte sich zu diesem Thema mit seinem typischen Humor: »Wenn du nicht weißt, wohin du gehst, wirst du irgendwo anders landen.« Diese Binsenweisheit des Yogi bedeutet jedoch nicht, dass Konzentration das einzige Rezept ist, um Ziele zu erreichen. Tatsächlich wird Konzentration vielleicht sogar überbewertet. Natürlich sind Phasen intensiver Konzentration erforderlich, damit man nicht ziellos umherirrt. Aber eine unablässige Konzentration auf einen bestimmten Kurs könnte ebenso schädlich sein. Da wir biologische Organismen sind, ist unser *peripheres* Sehen besonders empfindlich für die Wahrnehmung von Bewegungen. Ohne das periphere Sehen wären unsere Vorfahren in der Savanne von großen Raubtieren verschlungen worden; und gerade, wenn man *nicht* fokussiert, kann man sich in der U-Bahn-Station 42nd Street/Times Square schnell durch die Menschenmenge bewegen.

Aus diesem Grund war eine Passage aus Dantes *Purgatorio*: »Du sollst aber nicht nur auf *eine* Stelle achten«[4] eines der Leitmotive meines Buches *The Sense of Dissonance* (Stark 2009). Der Untersuchungsgegenstand dieses Buches war die Organisationsebene. In diesem Zusammenhang könnte Dantes Aufforderung als Warnung an Entscheidungsträger in Organisationen vor den Gefahren des Festhaltens an früheren Erfolgen verstanden werden. Um in einem sich schnell verändernden Umfeld zu gedeihen, ja sogar zu überleben, bedarf es so etwas wie organisatorischen peripheren Sehens.[5] Die Ergebnisse meiner drei ethnografischen Fallstudien legen die positiven Auswirkungen einer organisatorischen Doppelvision nahe: Auf die Frage »Was ist wertvoll?« wird geantwortet, indem mehrere Bewertungsrahmen im Spiel bleiben.

Wenn ich diese Erkenntnis auf unsere erste praktische Herausforderung anwende – die Begegnung mit einem neuen Forschungsproblem –, so ersetze ich die Maxime »Konzentriere dich« durch »Sei aufmerksam«. Um diese Herangehensweisen zu begründen, beginnen wir mit einer Passage aus »An Excess of Fact«, einem Essay von Lee Friedlander, einem der größten amerikanischen

4 *Anm. d. Red.:* »Non tener pur ad un loco la mente«, so Vergil zu Dante in Purgatorio, Canto X, 46, deutsche Übersetzung von Hartmut Köhler.

5 Zur Bedeutung der peripheren Sichtweise von Organisationen siehe die netzwerkanalytische Studie von Prato und Stark (2022) zum beobachtenden Lernen.

Fotografen. Friedlander erinnert sich an ein Erlebnis in seiner Jugend, bei dem er »von den Geheimnissen der Fotografie gebissen« wurde und »ihre praktischen Möglichkeiten kennenlernte«, schreibt er:

»The camera was a kind of net and what it caught had something to do with what was true, or truth in an excess of fact. The net is indiscriminate unless you point it and then are lucky. I might get what I hoped for and then some – lots of then some – more than I might have remembered was there. I only wanted Uncle Vern standing by his new car (a Hudson) on a clear day. I got him and the car. I also got a bit of Aunt Mary's laundry and Beau Jack, the dog, peeing on the fence, and a row of potted tuberous begonias on the porch and seventy-eight trees and a million pebbles in the driveway and more. It's a generous medium, photography« (Friedlander 1996: 103).

Für manche mag Lee Friedlander eine seltsame Wahl sein, wenn es um die Frage nach dem absoluten Wert der Fokussierung geht: Auf einem typischen Friedlander-Foto *ist alles scharf gestellt.* Auf einem Friedlander-Foto ist viel los, aber nicht, weil es hektisch oder verworren ist. Stattdessen lenkt Friedlander unsere Aufmerksamkeit durch Reflexion, Schatten und eine kühne Komposition. Schauen Sie. Sehen Sie hier? Schauen Sie noch einmal; etwas anderes, und noch einmal etwas anderes. Seien Sie aufmerksam. Fenster sind ein wiederkehrendes Element. Friedlander sieht Amerika durch die Windschutzscheibe eines Autos (2010). Autoscheiben bieten einen Rahmen, und dann bemerken wir den Seitenspiegel, einen Rahmen innerhalb eines Rahmens, und innerhalb dieses Rahmens eine völlig andere Perspektive auf die Umgebung. Schaufenster können Spiegel sein, die das reflektieren, was sich hinter der Kamera befindet. Aber dasselbe spiegelnde Fenster kann auch teilweise durchschaut werden – dort, wo sich ein Schatten befindet, manchmal ein Schatten, der vom Fotografen geworfen wird. Für Friedlander offenbart der Schatten. Indem er ihn als etwas verwendet, durch das man *hindurchsehen* kann, ist es fast so, als würde der Schatten einen Teil der Szene beleuchten, der sonst verborgen wäre.

Ich schlage daher vor, die Passage aus Friedlanders Essay noch einmal zu lesen und diesmal »Kamera« und »Fotografie« durch »soziologische Forschung« zu ersetzen. Soziologische Forschung ist ein großzügiges Medium, das ein Netz auswirft, das mehr einfängt, als wir auf den ersten Blick sehen. Wenn Sie Glück haben und gut aufpassen, wird Ihr nächstes Forschungsprojekt eines sein, das im Schatten des einen oder anderen Ihrer früheren Projekte stand. Es könnte sich um ein kleines Ergebnis handeln, das Ihnen damals seltsam erschien, oder um eine Forschungsrichtung, die Sie in Betracht gezogen, aber beiseitegelegt haben, oder um eine Öffnung in ein benachbartes (oder sogar entferntes) Gebiet, dem Sie nun Ihre Aufmerksamkeit widmen.

Während Sie auf Materialien und Einsichten achten, die sich im Schatten Ihrer früheren Projekte befinden, sollten Sie nicht die Spiegel vergessen, die Ihnen zeigen, was sich direkt hinter Ihnen befindet, sozusagen über Ihrer Schulter. Die Autos, aus denen Friedlander den Blick auf Amerika lenkte, waren zu dem Zeitpunkt, als er aus ihnen heraus fotografierte, nicht in Bewegung. Wie bei den ebenfalls unbewegten Schaufenstern reflektierten die Seiten- und Rückspiegel der Autos nicht etwas aus der Vergangenheit, sondern etwas, das einfach *hinter* dem Fotografen lag. Doch in dem bemerkenswerten visuellen Vokabular, mit dem Friedlanders Stil einen so großen und dauerhaften Einfluss auf die amerikanische Fotografie hatte, befanden sich diese reflektierten Bilder buchstäblich direkt *vor* dem Fotografen

Im Nachhinein erkannte ich diesen Prozess, als ich kurz vor der Fertigstellung eines Buches über die politischen und wirtschaftlichen Umwälzungen (manche sagten »Revolutionen«) in Osteuropa nach dem Fall der Berliner Mauer und dem Zusammenbruch der Sowjetunion stand. Ich war noch nicht auf der Suche nach einem neuen Thema. Hätte ich nicht aufgepasst, hätte ich vielleicht an meine früheren Erfolge angeknüpft und mich pfadabhängig weiter mit Osteuropa, der Eigentumsumwandlung oder der Demokratisierung befasst. Ich habe mit keinem dieser Themen ganz aufgehört, aber ich bin auf ein neues Forschungsproblem gestoßen – die so genannte digitale Revolution, die sich direkt vor meinen Augen abspielte, ob im Silicon Valley oder in der Silicon Alley.[6] Meine Forschungen in Osteuropa hatten mich in gewisser Weise auf die Untersuchung des digitalen Wandels in den Vereinigten Staaten vorbereitet. Zum einen war ich einigermaßen immunisiert gegen den Hype, der die digitale Revolution umgab. Darüber hinaus verfügte ich über einige konzeptionelle Werkzeuge – zum Beispiel Vorstellungen über die »Heterarchie« des Wertes oder die »Netzwerkeigenschaften des Eigentums« –, die mir den Einstieg in das neue Feld erleichterten.[7] Aber es konnte nicht nur darum gehen, ein neues Umfeld durch genau dieselben Linsen zu betrachten: Dieser Ausgangspunkt bot mir einige Vorteile, konnte aber auch meine Sicht vernebeln, wenn ich mir seiner Grenzen nicht bewusst war.

6 *Anm. der Red.:* Der Begriff Silicon Alley entwickelte sich in den 1990er Jahren als Bezeichnung für das Gebiet um den Flatiron District im Süden Manhattans, in dem sich zahlreiche High-Tech-Unternehmen ansiedelten.

7 Zur Heterarchie siehe Stark (1999; 2001), zum rekombinanten Eigentum Stark (1996).

Konzepte und Methoden, wie alle Bildschirme, auf die wir unsere Darstellungen projizieren, verbergen gleichzeitig, dass sie offenbaren (Girard, Stark 2007). Streng genommen kann man seinem blinden Fleck keine Aufmerksamkeit schenken, aber man sollte darauf achten, auf welche Weise er die eigene Sicht ermöglicht *und* einschränkt.[8]

Was die periphere Sicht betrifft, so finde ich es hilfreich, Arbeiten zu lesen, die nicht zum Kernbereich des Forschungsgebiets gehören. Natürlich muss man mit den aktuellen Debatten vertraut sein. Aber dieser überfüllte, geweihte Kern überschattet andere hervorragende Arbeiten an der Peripherie des Feldes. Auch hier kann es sich auszahlen, aufmerksam zu sein. Lesen Sie Arbeiten (und gehen Sie zu Vorträgen) von Forschern, die andere Dinge lesen (und somit davon beeinflusst werden) als Sie. Auf diese Weise können Sie von Arbeiten beeinflusst werden, mit denen Sie selbst nie direkt in Berührung gekommen sind.

In meinem eigenen Fall besteht die beste Möglichkeit zur Förderung der peripheren oder doppelten Sicht darin, an mehr als einem Projekt gleichzeitig zu arbeiten. Wie in vielen Beiträgen zu meinem Band *Practicing Sociology* (2024) beschrieben, kann das nächste Projekt durch Zufall entstehen. Meiner Erfahrung nach spielt es keine Rolle, wie das zweite Projekt (parallel, zur gleichen Zeit) zustande kommt. Wichtig ist nur, dass es sich ausreichend von dem anderen unterscheidet. Ein kürzlich von mir veröffentlichtes Papier ist in dieser Hinsicht beispielhaft. Während ich mit zwei Koautoren an einer experimentellen Studie darüber arbeitete, wie sich ethnische Vielfalt auf die Leistung auswirkt (Levine, Reypens, Stark 2021), arbeitete ich gleichzeitig mit einem anderen Koautor an einer netzwerkanalytischen Arbeit über Aufmerksamkeitsmuster (Prato, Stark 2022). Ohne diese Arbeit wäre ich wohl kaum auf das Kernkonzept gekommen, das im Titel der experimentellen Arbeit angedeutet wurde: »Racial Attention Deficit«.

Dieses Papier zeigt auch einen Prozess, den ich als *Bereitschaft* bezeichne, *sich von seinen Obsessionen überraschen zu lassen.* Auf den ersten Blick scheint dies im Widerspruch zu meiner Argumentation zu stehen, dass man sich der Gefahr bewusst sein muss, von seinen früheren Erfolgen gefangen genommen zu werden und dann in deren Bann zu geraten. Schauen wir genauer hin. Im vorliegenden Fall ging es um das Thema Ethnie, ein Gebiet, auf dem ich

8 In Bezug auf die Anatomie der menschlichen Wahrnehmung ist der blinde Fleck (wo der Sehnerv auf die Netzhaut trifft) das, was das Sehen ermöglicht. Aber an diesem Punkt selbst ist man blind. Für Erkenntnisse, die auf dieser Beobachtung aufbauen, siehe insbesondere von Foerster (1984) und Esposito (2013).

kein etablierter Forscher war. Das Gefühl der Neuheit wurde durch die Tatsache verstärkt, dass ich mich noch nicht mit experimentellen Techniken auskannte. Die Neuartigkeit der Methoden, aber noch mehr die Neuartigkeit meines Engagements auf einem neuen Gebiet, war Teil des Reizes, multipliziert mit dem Wissen, dass das Problem wichtig war, und einer realistischen Erwartung, dass die Forschung wahrscheinlich Folgen haben würde. Und so war ich sehr überrascht, als ich eines Tages plötzlich feststellte, dass ich mich in dieser Ethnie-Forschung erneut mit einem grundlegenden Problem auseinandersetzte, das mein theoretisches Interesse und meine empirische Forschung bereits seit Mitte der 80er Jahre geweckt hatte – dem Problem des Wertes. Damals, 1986, hatte ich darüber geschrieben, wie die Werkzeugmacher:innen in der ungarischen Fabrik, die ich untersuchte, die Gelegenheit nutzten, eine unternehmerische Gemeinschaft zu bilden, um sich Anerkennung zu verschaffen. Ja, in der experimentellen Forschung (wie auch in der netzwerkanalytischen Forschung mit Matteo Prato) ging es darum, wer wem Aufmerksamkeit schenkte. Aber in einem tieferen Sinn erkannte ich, dass es um Anerkennung ging.

Die Situation ist hinlänglich bekannt – man wird von etwas überrascht, und im nächsten Moment erscheint es einem völlig klar. In der Tat, es war eine Überraschung. Ich hatte mir nicht vorgenommen, ein Forschungsdesign zu entwickeln, um das Problem des Wertes im Kontext der Ethnie zu untersuchen. Als Sheen Levine und ich mit der Arbeit an dem Projekt begannen, hatten wir eine Studie abgeschlossen, die zeigte, dass ethnische Vielfalt durch Störung der Konformität zur Fehlererkennung beiträgt. Das neue Projekt mit einer Postdoktorandin namens Charlotte Reypens sollte sich mit Ethnie und Lernen durch Beobachtung befassen. In der Anfangsphase des Forschungsdesigns und sogar während der ersten Pilotstudien ging es in unseren Gesprächen nicht um Konzepte von Wert und Anerkennung.

Es war nicht das erste Mal, dass ich überrascht feststellte, dass das Problem des Wertes (oder ein ähnlich grundlegendes theoretisches Problem) im Verborgenen existierte. War ich auf ein altes Problem zurückgekommen? Ja, wie in einer musikalischen Komposition kehrte das Thema wieder, kehrte es zurück. Aber mit dieser neuen Wendung war es nicht einfach eine Wiederholung. Aufmerksam zu sein bedeutet, offen zu sein für die Welt und ihre neuen Probleme und Herausforderungen. Aufmerksamkeit bedeutet auch, dass man bereit ist, seine Obsessionen zu akzeptieren, wenn sie einen überraschen.

Entscheidung: Finden Sie Ihr Publikum

Shamus Khan stellt in seinem Beitrag zu meinem Band fest, dass man, um etwas veröffentlichen zu können, zuerst etwas geschrieben haben muss, das veröffentlicht werden kann: »Before you can strategize on how to publish you have to actually have words on a page« (Khan 2024: 151); seine Auffassung von Veröffentlichungsstrategie bezieht sich also auf seine Schreibstrategie. Ich werde einen ähnlichen Gedankengang aufgreifen: Um eine Publikationsstrategie zu haben, muss man zunächst sein Publikum kennen. Für das Schreiben in der Anfangsphase einer akademischen Laufbahn interpretiere ich diesen Ausdruck wörtlich: Statt einer allgemeinen *Vorstellung* über das Publikum ist es hilfreich, für Menschen zu schreiben, die man tatsächlich kennt oder zumindest besonders im Auge hat.

Beginnen wir mit der Dissertation. Natürlich werden Sie für Ihren Betreuer oder ihre Betreuerin schreiben. Das ist bereits ein Teil des Problems. Wenn Sie nur für eine andere Person schreiben, wird das definitiv nicht ausreichen, egal wie klug, umsichtig und freundlich diese Person ist. Die Erweiterung des Kreises auf die drei oder vier anderen Mitglieder Ihres Dissertationsausschusses ist ein Schritt nach vorn, aber nicht weit genug. Ihre Freunde, Ihre engen Kumpel in Ihrem Graduiertenprogramm sind gut, denn sie bringen Sie dazu, über das Schreiben für Gleichgesinnte nachzudenken. Ich schreibe am besten, wenn ich für meine Fachkolleg:innen schreibe. Das ist auch gut so, denn Wissenschaft ist in hohem Maße peer-to-peer. Daraus folgt, dass Sie als Zielgruppe für Ihre Dissertation und Ihre erste veröffentlichungsfähige Arbeit *andere Doktoranden ansprechen* sollten.

Bevor ich auf einige Gründe für diese Zielsetzung eingehe, ein Wort zu meiner eigenen Erfahrung. Ich dachte nicht an eine Abstraktion, die als »andere Doktoranden der Soziologie« bekannt ist, und das sollten Sie auch nicht. Nein, ich meine wirklich bestimmte Menschen. Im Falle meiner ersten akademischen Veröffentlichung (Stark 1980) und dann meiner Dissertation standen Michael Burawoy, Magali Sarfatti-Larson und Erik Olin Wright im Mittelpunkt meines Publikums. »Ja, schon klar«, sagen Sie, »zwei der drei wurden Präsidenten der American Sociological Association!« Das stimmt, aber das ist nicht der Punkt. Zu der Zeit, als ich schrieb, waren sie nur ein paar Jahre älter als ich. Wenn ich mich recht erinnere, schrieb jeder von ihnen gerade seine Doktorarbeit, als ich sie kennenlernte.

Erik, Michael und Magali waren keine Studenten, mit denen ich in meinem Fachbereich herumhing. Später wurden wir Freunde, aber zu der Zeit waren wir freundschaftliche Bekannte. Ich hatte ihre Arbeiten gelesen, ich hatte sie bei verschiedenen Gelegenheiten sprechen hören, und wir hatten alle an einer wunderbaren Konferenz über Arbeitsprozesstheorie teilgenommen, bei der ich einer der Vortragenden war. Sich treffen, kommunizieren, interagieren – das ist der Schlüssel. Ihr Zielpublikum besteht aus anderen Forschern auf Ihrem Gebiet. Sie müssen rausgehen und sie treffen. Gehen Sie zu Workshops und Konferenzen (nicht unbedingt zu den größten), stellen Sie sich vor und bieten Sie an, ihre Arbeiten zu lesen und zu kommentieren. Als Teil einer Gemeinschaft von Forscher:innen werden Sie für ein Publikum schreiben, das sich für Ihre Arbeit interessiert. Ihre Betreuer:innen wollen, dass Sie Ihre Arbeit zu Ende bringen; aber von den Kolleg:innen in Ihrer breiteren Gemeinschaft bekommen Sie noch etwas mehr. Von dieser Gemeinschaft erhalten Sie Kritik und Ermutigung, aber noch wichtiger ist, dass Sie ein Gefühl der Dringlichkeit, ja sogar eine Art Druck verspüren: »Bring diese Arbeit heraus, sie ist ein wichtiger Teil unserer Arbeit, wir brauchen sie, mach schon.«

Wenn sich Ihre Ideen weiterentwickeln, werden Sie für ein breiteres, anonymes Publikum schreiben. Die Frage ist, wie Sie Ihre Ideen entwickeln, damit Sie etwas anbieten können, das es wert ist. In meinem Fall war es hilfreich, bestimmte Wissenschaftler:innen im Blick zu haben. Setzen Sie sich hohe Ziele. Denken Sie an die Menschen, die einen Einfluss auf das Fachgebiet haben oder haben werden, an diejenigen, deren Ideen Sie interessieren. Wenn Sie sich mit ihnen treffen können, tun Sie das. Wenn nicht, gehen Sie trotzdem auf sie zu. Schreiben Sie an Wissenschaftler:innen, die Sie bewundern.

Mit Beiträgen in sozialen Medien erreichen Sie vielleicht ein Publikum, aber es ist kein Ersatz für den Aufbau einer Beziehung zu bestimmten Personen. Sie können das Niveau Ihrer Arbeit erhöhen, indem Sie an Menschen mit sehr hohen Ansprüchen denken und für sie schreiben. Als junger Forscher schrieb ich für Claus Offe, einen der herausragendsten Soziologen Europas. Ich hatte ihn mehrere Male gehört, als ich noch Stipendiat am Center for European Studies in Harvard war. Erst später lernte ich ihn kennen. Schon vorher hatte ich Claus meine Arbeiten geschickt, häufig als Manuskript. Ich machte mir keine großen Gedanken über die Zahl der Menschen, die ich erreichte. Wichtiger war mir die Qualität der Menschen, die meine Forschung kannten und schätzten. Ich hatte das große Glück, dass auch Pierre Bourdieu und János Kornai mir auf diese Weise halfen.

Im Laufe der Zeit wurden die Zielgruppen, die ich für ein bestimmtes Werk im Auge hatte, weniger konkret. Ich sage »Zielgruppen« im Plural, weil es eine lange Zeit gab, in der viele der von mir veröffentlichten Werke für zwei oder mehr Forschungsgemeinschaften bestimmt waren, etwas, dessen ich mir bis zu diesem Schreiben nicht ausdrücklich bewusst war. Dazu gehören ein Buch, das sich an Wirtschaftssoziologen richtet *und* an politische Soziologen (Stark, Bruszt 1998); eine soziale Sequenzanalyse von Netzwerkpositionen, die sich an historische Soziolog:innen *und* an Netzwerkanalytiker:innen richtet (Stark, Vedres 2006); mehrere Studien, die für die Wirtschaftssoziologie geschrieben wurden *und* für Science-and-Technology-Studies (Beunza, Stark 2004; 2012); und ein Beitrag zur kulturellen Netzwerkanalyse, der sich an Netzwerkanalytiker:innen *und* Kultursoziolog:innen wendet (De Vaan, Stark, Vedres 2015).

Es gab noch andere, merkwürdigere Zielgruppen. Als ich in den 1990er Jahren über die wirtschaftlichen und politischen Umwälzungen in Osteuropa schrieb (Stark 1996; Stark, Bruszt 1998), hatte ich natürlich zeitgenössische Leser:innen im Sinn. Aber, was noch wichtiger ist, das eigentliche Publikum, für das ich schrieb, war eines, von dem ich hoffte, dass es meine Arbeit in fünfundzwanzig oder mehr Jahren lesen würde. Warum? Damals herrschte die Meinung vor, dass sich die Länder des ehemaligen Sowjetblocks in einer Übergangsphase befanden, deren Ergebnis bereits im Voraus bekannt war: Sie würden sich zu liberalen, demokratischen Gesellschaften mit freien Wahlen und freien Märkten entwickeln. Die einzige Frage war, welches Land das gelbe Trikot trug und das Rennen ins gelobte Land anführte. Für diejenigen, die die Welt durch die verzerrende Linse der Kristallkugel der Transitologen betrachteten, war die Gegenwart nicht interessant. Für mich war es diese chaotische Gegenwart, die so faszinierend war. Ich schlug vor, sie so gut wie möglich ohne die Optik einer imaginären Zukunft zu analysieren, in der Hoffnung, dass irgendein:e Leser:in in der Zukunft daran interessiert sein würde, zu erfahren, was in den etwa fünf Jahren vor und nach 1989 geschah.

Das vielleicht eigenartigste und sicherlich einzigartige Publikum war das eines Leitartikels, den mein Koautor und ich im Dezember 2015 in der *New York Times* veröffentlichten. (Levine, Stark 2015). Etwa ein Jahr zuvor hatten Sheen Levine und ich einen Artikel publiziert, in dem wir mit experimentellen Methoden die Auswirkungen ethnischer Vielfalt auf Marktergebnisse untersucht hatten (Levine et al. 2014). Wir hatten festgestellt, dass Märkte mit Händler:innen vielfältigen ethnischen Hintergrunds besser abschnitten als Märkte mit ethnisch homogenen Händler:innen. Die Botschaft des Papiers: Ethnische Vielfalt verhindert Preisblasen und führt zu weniger Fehlbewertungen, weil sie die Konformität stört. Das Papier fand in der Presse große Beachtung, insbesondere auf den Wirtschaftsseiten einiger großer Zeitungen. Die Gelegenheit, einen Leitartikel zu verfassen, ergab sich, als wir von einem wichtigen Rechtsstreit über positive Diskriminierung erfuhren, der vor dem Obersten Gerichtshof der Vereinigten Staaten verhandelt wurde. Abigail Fisher, eine weiße Studentin, hatte die Universität von Texas mit der Begründung verklagt, dass ihr die Zulassung zur juristischen Fakultät aufgrund von Rassendiskriminierung verweigert worden war. Ihre Anwälte, so erfuhren wir, argumentierten, dass es keine wissenschaftlichen Beweise für die Behauptung gebe, dass ethnische Vielfalt zu einem besseren Lernumfeld beitrage. Unsere experimentelle Studie fand zwar nicht in einem Bildungskontext statt, aber Märkte sind eine Art Lernumgebung, und die Fehlerermittlung, die wir in den verschiedenen Konstellationen dokumentierten, war eine Form des Lernens. Auf der Grundlage der Ergebnisse dieser Studie boten wir der *New York Times* 1.000 Wörter an.

Die Redaktion der *Times* bekundete ihr Interesse an dem Artikel, vorausgesetzt, dass er am Morgen des Tages der mündlichen Anhörung zu diesem Fall vor dem Obersten Gerichtshof veröffentlicht werden könnte. So hatten wir etwa sechsunddreißig Stunden Zeit, um den Artikel zu überarbeiten, wobei wir auf die sehr anspruchsvollen Bedingungen der *Times*-Faktenprüfer eingingen und eng mit einem Mitglied der Redaktion zusammenarbeiteten. Bei diesem Hin und Her konnten wir zwischen den Zeilen lesen und daraus schließen, dass die Redaktion der *New York Times* ein sehr klares und präzises Zielpublikum im Auge hatte: Richter Anthony Kennedy, die entscheidende Stimme am Gerichtshof. Mit dieser Erkenntnis waren wir besser in der Lage, subtile Hinweise zu interpretieren, die uns zum Beispiel auf mehrere bedeutende frühere Fälle verwiesen, darunter eine wichtige Stellungnahme von Richterin Sandra Day O'Connor. Wir machen uns keine Illusionen darüber, dass unser Beitrag etwas bewirkt hat. Aber es war interessant zu erfahren, dass die Zielperson für diese Stellungnahme der Richter war, der später die Mehrheitsmeinung in der Rechtssache *Fisher vs. University of Texas* verfassen sollte. Der Gerichtshof bestätigte die Entscheidung der unteren Instanz (das heißt, er entschied gegen Fisher). Unabhängig davon, ob es sich um Personen handelt, die Sie persönlich kennen, oder um Personen, denen Sie nie begegnen werden, ist die Kenntnis der Zielgruppe der erste Schritt in einer Veröffentlichungsstrategie.

Überarbeitung: Ihren Ideen eine Stimme geben

Die Überarbeitung kann schon mit den ersten Zeilen beginnen, die auf das Blatt gesetzt werden. Wenn man seine Gedanken schriftlich festhält und dabei weiß, dass sie überarbeitet werden, kann das ein Segen oder eine Last sein (oder beides). Einerseits kann es befreiend sein, unbesorgt mit dem Schreiben zu beginnen. Nicht leichtsinnig, sondern *sorglos*. Andererseits kann es lähmend sein, wenn man weiß, dass eine Überarbeitung immer möglich ist, und dann zu früh damit beginnt. Die Textverarbeitung bietet beide Seiten dieser Möglichkeiten. Aus diesem Grund entscheidet sich mein Sohn, ein sehr begabter Schriftsteller, manchmal für eine manuelle Schreibmaschine, wenn er einen ersten Entwurf schreibt. Er hat festgestellt, dass die Backspace-Taste der elektronischen Tastatur, mit der man leicht ein Wort löschen oder einen Rechtschreibfehler berichtigen kann, einen unterbewussten Hang zur Korrektur erzeugt. Die manuelle Tastatur ermutigt zu einem freieren Stil. Wer kümmert sich schon um Tippfehler, wenn man sich nicht einmal darum kümmert, dass alles in vollständigen Sätzen kommt? Einfach drauflosschreiben, den Zeilenvorschub drücken und einen weiteren Satz auf die Seite bringen.

Wenn ich etwas Material für die Bearbeitung habe, werden in der bewussteren Phase des Schreibens/Überarbeitens aus Phrasen Sätze. Für mich müssen diese immer als Absätze gruppiert werden. Bei einer wissenschaftlichen Arbeit ist der Absatz die Grundeinheit des Schreibens. Absätze bestehen natürlich aus Sätzen. Und der erste und der letzte Satz eines Absatzes sind privilegiert. Aber es sind die Absätze, mit denen man argumentiert. Aus diesem Grund würde ich nie mit doppeltem Zeilenabstand schreiben. Ich bevorzuge den einfachen Abstand mit einem harten Zeilenumbruch am Ende eines Absatzes, damit jeder Gedanke deutlich hervortritt.

Aber die Vorlieben und die Art des Schreibens sind unterschiedlich. Es geht darum, das zu finden, was für einen selbst funktioniert. Manchmal wünsche ich mir, ich könnte schlechtere erste Entwürfe schreiben. Im Prinzip sehe ich die Tugend von Samuel Becketts Edikt: »Scheitere. Scheitere wieder. Scheitere besser.«[9] In der Praxis, zumindest wenn es um die Mechanik des Schreibens geht, bin ich eher im Modus des ständigen Überarbeitens während des Schreibens. Das Wichtigste ist, dass ich mich jetzt mit dem Problem abgefunden habe, dass meine ersten Entwürfe in gewisser Weise zu gut sind, denn ich

9 *Anm. d. Red.:* »Ever tried. Ever failed. No matter. Try again. Fail again. Fail better.« (Beckett 1983: 7)

weiß, dass sie nicht perfekt sind – und vielleicht nie perfekt sein werden. »Wenn die Welt perfekt wäre«, sagte Yogi Berra, »wäre sie es nicht«.

Irgendwann während des Schreibens fange ich an, über den Titel nachzudenken. Die Bedeutung eines guten Titels kann gar nicht hoch genug eingeschätzt werden – nicht nur, weil er dem Leser hilft, sondern auch, weil der Prozess des Nachdenkens über den Titel *dem Schreiben hilft*. In nicht unerheblicher Weise kann der Prozess des Überarbeitens durch die Linse der Suche nach dem richtigen Titel gesehen werden.

Der Zeitpunkt für das Auftauchen eines guten Titels kann sehr unterschiedlich sein. Nach meiner Erfahrung sind die meisten guten Titel erst entstanden, als das Projekt schon weit fortgeschritten war. Wenn ein typisches Projekt bei, sagen wir, Version 6.0 abgeschlossen wird, dann ist der endgültige Titel ungefähr bei Version 3.0 da. Das wäre bei einigen meiner Titel der Fall gewesen: »Recombinant Property in East European Capitalism« (1996), oder »Tools of the Trade: The Socio-Technology of Arbitrage in a Wall Street Trading Room« (mit Daniel Beunza 2004), oder das bereits erwähnte »Racial Attention Deficit« (2015). Manchmal zog sich die Suche nach dem passenden Titel schmerzhaft in die Länge – bis zu dem freudigen Moment, in dem es Klick machte, wie zum Beispiel bei »The Sense of Dissonance: Accounts of Worth in Economic Life« (2009). In einem Extremfall tauchte der Titel »Structural Folds: Generative Disruption in Overlapping Groups« (mit Balázs Vedres 2010) erst auf, als das Papier beim *AJS* in der Überarbeitungs- und Wiedervorlagephase war, ungefähr in Version 8.0, wenn nicht später. Seltener und im anderen Extremfall ergab sich der endgültige Titel bereits während der ersten Schreibsitzung, wie zum Beispiel bei »Put to the Test: For a New Sociology of Testing« (mit Noortje Marres 2020). Und in einem ganz besonderen Fall stand der Titel »Permanently Beta« zuerst fest, und dann beschlossen Gina Neff und ich (2004), die Arbeit zu schreiben.

Es ist viel weniger wichtig, *wann* der richtige Titel gefunden wird, als *wie* er zustande kommt. Oder, genauer gesagt, vom Standpunkt der Argumentation aus gesehen, ist es weniger wichtig, den richtigen Titel zu finden, als vielmehr das, *was sich aus dem Prozess der Suche danach ergibt*. Dies sollte im weiteren Kontext des Schreibens und Überarbeitens verstanden werden. Während es beim Schreiben darum geht, zu verstehen, wie ein bestimmter Satz oder Absatz oder Abschnitt zu dem passt, was vorher war und was nachher kommt, geht es bei der Überarbeitung um zwei ganz andere Aspekte.

Der erste (weniger auf den Titel bezogene) besteht darin, herauszufinden, was erweitert und was gekürzt (oder ganz gestrichen) werden muss. Ich betrachte dies als die Erfüllung des Kriteriums des *needs to know*. Bei den Nachrichtendiensten bezieht sich der Ausdruck »Kenntnisnahme erforderlich« auf die Frage, wer (welche Agenten oder Organisationen) von etwas und auf welcher Stufe der Freigabe und Spezifität Kenntnis haben muss. Fragen Sie bei der Überarbeitung analog dazu: Muss der Leser, die Leserin das wissen? Wenn man etwas nicht wissen muss, um das Argument zu verstehen und davon überzeugt zu sein, streichen Sie es. Fragen Sie parallel dazu, ob es noch etwas gibt, das der/die Leser:in wissen muss. Wenn ja, dann muss es aufgenommen werden, und zwar möglicherweise ausführlich.

Der zweite Aspekt der Überarbeitung ist die Komprimierung. Um den richtigen Titel zu finden, muss man die Schlüsselbegriffe des Projekts erfassen. Am Anfang braucht man vielleicht viele Seiten, um das herauszufinden. Das ist eine Idee in Langform, aber das zugrunde liegende Konzept sollte komprimiert und zum Ausdruck werden (das heißt, am besten, wenn es ausdrücklich komprimiert wird). Hier ist die Zusammenfassung meines *AJS*-Beitrags von 1996 in einem Satz: Der Kapitalismus in Osteuropa wird nicht *auf* den Ruinen des Kommunismus aufgebaut, sondern *mit* den Ruinen des Kommunismus. Es gibt verschiedene Möglichkeiten, dieses Konzept auszudrücken und darauf hinzuweisen, dass der Eigentumswechsel kein Übergang, sondern eine transformative Rekombination ist. Es ist eine Sache, ein Konzept zu haben, eine andere, es kurz und bündig auszudrücken, und eine weitere, ihm einen Namen zu geben. Ein Konzept kann in einem Satz oder zumindest in einer Phrase ausgedrückt werden. Es zu benennen, lässt sich gut mit drei Worten oder weniger bewerkstelligen. Robert Merton war darin besonders begabt und bescherte uns zum Beispiel »unintendierte Folgen«, »Rollenkonflikt« und »self-fulfilling prophecy«.

Ich hatte das Glück, den Begriff »rekombinantes Eigentum« zu finden. Genauso wichtig wie die Namensgebung war jedoch der Prozess, bei dem ich immer wieder nach Möglichkeiten suchte, die wichtigsten Ideen zu komprimieren und auszudrücken. Das Erzeugen von Titeln ist dabei eine einfache Heuristik. Sie kann mit der Erstellung von Diagrammen und dem Ausprobieren verschiedener Metaphern einhergehen. Während der Überarbeitung erstelle ich oft Listen mit Titelkandidaten. Diejenigen, die als Gesamttitel nicht funktionieren, eignen sich manchmal hervorragend als Zwischenüberschriften. Scheitern. Nochmal scheitern. Besser scheitern.

Das Schreiben ist fertig; ich habe das Projekt als Reaktion auf die Kommentare von Freunden und Fachkolleg:innen überarbeitet; es wurde an eine Zeitschrift oder einen Verlag geschickt; und jetzt habe ich den »Wir-bedauern-dass-wir-die-Überarbeitung-und-Neueinreichung-nicht-akzeptieren-können.-Bitte-antworten-Sie-den-Gutachtern«-Brief des Herausgebers erhalten. Meine erste Reaktion auf die Kommentare der Rezensent:innen ist nicht ungewöhnlich, wie auch die Beiträge in *Practicing Sociology* zeigen (Stark 2024): »Wo findet diese Zeitschrift nur solche Idioten?« wäre die treffende Charakterisierung. Aber natürlich sind es nicht (alle) Idioten. Nach ein paar Tagen, in denen wir uns abregen können, wenden meine Mitautor:innen und ich häufig folgende Taktik an: Wir lesen die Kommentare der Gutachter laut vor. Ich lese mehrere vor, dann tut es jeder Mitautor, langsam, abwechselnd und mit Bedacht. Mit der eigenen Stimme oder der einer vertrauten Person gehört, können die Kommentare nun eine andere Wirkung haben. Von Punkt zu Punkt: »Das ist ein guter Aspekt; wir sollten ihn einbeziehen.« »Hier hat der Rezensent unser Argument nicht verstanden, aber das ist unser Problem, wir müssen es deutlicher formulieren.« »Okay, aber wir sind nicht einverstanden, wir müssen uns damit befassen«. Und so weiter.

Die so geäußerten Kommentare der Gutachter:innen helfen uns, Abstand zum Text zu gewinnen. Wir können nun seine Schwachstellen sehen – und nicht nur die, die von den Rezensenten genannt wurden. Wir können nun eine Strategie für die Überarbeitung entwerfen. Wir haben uns Notizen darüber gemacht, wie wir auf die Kommentare reagieren sollen, aber diese Kommentare verlieren an Bedeutung, wenn wir neue Analysen durchführen, die Einleitung überarbeiten und manchmal radikale Änderungen an der Struktur der Arbeit vornehmen. Jetzt freuen wir uns auf die Überarbeitung.

Nachdem wir mehr oder weniger zufrieden sind, dass wir eine Version haben, die uns wirklich gefällt, wenden wir uns wieder den Kommentaren der Gutachter:innen zu, um unsere konkrete Antwort vorzubereiten. Wir gehen die Liste der Kritikpunkte und Vorschläge durch und kreuzen an:

- Ja, das ist erledigt, und das hier auch, und das auch.
- Hmmm. Hier stimmen wir nicht mit Gutachter A überein, aber in diesem oder einem ähnlichen Punkt mit Gutachterin B. Also kein Problem – wir sagen, wir stimmen Gutachterin B zu.
- Oh, das ist so eine gute Formulierung. Es gibt einen Satz in diesem mittleren Abschnitt, wo wir einige Anpassungen vornehmen können, um ihn einzubauen. Dank an Gutachter A.

- Ups, das haben wir vergessen, aber das können wir in einer Fußnote nachholen.
- In diesem Punkt stimmen wir nicht mit Gutachterin B überein. Wir müssen das sagen und sehr deutlich machen, warum wir nicht einverstanden sind.

Vor ein paar Jahren sagte mir ein enger Freund: »David, ich habe endlich gelernt, für die Gutachter zu schreiben.« Ich war traurig und sagte das auch. Mein Freund ist ein großartiger Schriftsteller mit einer wunderbaren Stimme. Wir schreiben nicht für Gutachter:innen, sagte ich ihm, wir schreiben für unser Publikum. Wenn Du Deine Arbeit wirklich für drei Gutachter:innen überarbeitest, kannst du davon ausgehen, dass die Arbeit ihr Zielpublikum finden wird – drei, und nur drei Leser:innen.

In den letzten Jahrzehnten hat sich der Begutachtungsprozess weiterentwickelt, so dass heute weitgehend akzeptiert wird, dass die Aufgabe der Gutachter:innen fast ausschließlich darin besteht, Fehler zu erkennen. Einige Gutachter:innen werden sich gegen diese Einschränkung wehren, aber damit die Seiten der Zeitschriften nicht mit Artikeln gefüllt werden, die zwar absolut fehlerfrei, aber völlig uninteressant sind, müssen die Herausgeber:innen und Redaktionsausschüsse unmissverständlich darauf hinweisen, dass die Fehlererkennung nur eine der Aufgaben des redaktionellen Prozesses ist. Da die Redakteure überfordert sind, liegt es in der Verantwortung der Autor:innen und des Publikums, sich der Beschäftigung mit der Fehlerentdeckung zu widersetzen. Lassen Sie nicht zu, dass der Begutachtungsprozess Ihre Stimme unterdrückt. Um gut zu sein, braucht die Soziologie mehr Stimmen. Wir brauchen neue Stimmen, exzellente Stimmen. Wenn die so genannten großen Zeitschriften den Leser:innen keine Artikel mit starken Autorenstimmen bieten, dann sollten die Leser:innen andere Zeitschriften finden, die dies tun. Nutzen Sie als Autor oder Autorin den Überarbeitungsprozess, um Ihr Publikum zu identifizieren und Ihre Ideen besser zum Ausdruck zu bringen. Wenn Sie sich klar ausdrücken, wird Ihre Stimme ihr Publikum finden.

Literatur

Becker, Howard S. (o.J.): Performing Social Science. www.howardsbecker.com/books.html, letzter Aufruf am 12. August 2025.

Becker, Howard S. 2007: Writing for social scientists. How to start and finish your thesis, book, or article. Chicago: University of Chicago Press.

Beckett, Samuel 1983: Worstward Ho. New York: Grove Press.

Beunza, Daniel / Stark, David 2004: Tools of the trade: the socio-technology of arbitrage in a Wall Street trading room. Industrial and Corporate Change, vol. 13, no. 2, 369–400. doi: 10.1093/icc/dth015.

Beunza, Daniel / Stark, David 2012: From dissonance to resonance: cognitive interdependence in quantitative finance. Economy and Society, vol. 41, no. 3, 383–417. doi: 10.1080/03085147.2011.638155.

De Vaan, Mathijs / Stark, David / Vedres, Balázs 2015: Game changer: the topology of creativity. American Journal of Sociology, vol. 120, no. 4, 1144–1194. doi: 10.1086/681213.

Eco, Umberto 2015 [ital. Original 1977]: How to write a thesis. Cambridge, Mass.: MIT Press.

Esposito, Elena 2013: Economic Circularities and Second-Order Observation. The Reality of Ratings. Sociologica, vol. 7, no. 2, 1–10. doi: 10.2383/74851.

Friedlander, Lee 1996: The desert seen. New York, NY: Distributed Art Publishers.

Friedlander, Lee 2010: America by car. San Francisco, Calif.: Fraenkel Gallery.

Girard, Monique / Stark, David 2007: Socio-technologies of Assembly: Sense-making and demonstration in rebuilding Lower Manhattan. In Viktor Mayer-Schönberger / David Lazer (eds.), Governance and information technology. From electronic government to information government. Cambridge, Mass.: MIT Press, 145–176.

Khan, Shamus R. 2024: Habits, Canvases, and Conversations: How I Think about Publishing. In David Stark (ed.), Practicing sociology. Tacit knowledge for the social scientific craft. New York: Columbia University Press, 150–160.

Levine, Sheen S. / Apfelbaum, Evan P. / Bernard, Mark / Bartelt, Valerie L. / Zajac, Edward J. / Stark, David 2014: Ethnic diversity deflates price bubbles. Proceedings of the National Academy of Sciences of the United States of America, vol. 111, no. 52, 18524–18529. doi: 10.1073/pnas.1407301111.

Levine, Sheen S. / Reypens, Charlotte / Stark, David 2021: Racial attention deficit. Science advances, vol. 7, no. 38, 1-9. doi: 10.1126/sciadv.abg9508.

Levine, Sheen S. / Stark, David 2015: Diversity makes you brighter. New York Times, December 9. www.nytimes.com/2015/12/09/opinion/diversity-makes-you-brighter.html.

Marres, Noortje / Stark, David 2020: Put to the test: For a new sociology of testing. The British Journal of Sociology, vol. 71, no. 3, 423–443. doi: 10.1111/1468-4446.12746.

Neff, Gina / Stark, David 2004: Permanently Beta: Responsive Organization in the Internet Era. In Philip N. Howard / Steve Jones (eds.), Society online. The internet in context. Thousand Oaks, Calif.: Sage, 173–188.

Prato, Matteo / Stark, David 2023: Observational Learning in Networks of Competition: How structures of attention among rivals can bring interpretive advantage. Organization Studies, vol. 44, no. 2, 253–276. doi: 10.1177/017084062211 18672.

Stark, David 1980: Class struggle and the transformation of the labor process. Theory and Society, vol. 9, no. 1, 89–130. doi: 10.1007/bf00158894.
Stark, David 1996: Recombinant Property in East European Capitalism. American Journal of Sociology, vol. 101, no. 4, 993–1027. doi: 10.1086/230786.
Stark, David 1999: Heterarchy: distributing intelligence and organizing diversity. In John H. Clippinger (ed.), The biology of business. Decoding the natural laws of enterprise. San Francisco: Jossey-Bass Publishers, 153–179.
Stark, David 2001: Ambiguous Assets for Uncertain Environments: Heterarchy in Postsocialist Firms. In Paul DiMaggio (ed.), The Twenty-First-Century Firm: Princeton University Press, 69–104.
Stark, David 2009: The sense of dissonance. Accounts of worth in economic life. Princeton, NJ: Princeton University Press.
Stark, David (ed.) 2024: Practicing sociology. Tacit knowledge for the social scientific craft. New York: Columbia University Press.
Stark, David / Bruszt, László 1998: Postsocialist pathways. Transforming politics and property in East Central Europe. Cambridge: Cambridge University Press.
Stark, David / Vedres, Balázs 2006: Social Times of Network Spaces: Network Sequences and Foreign Investment in Hungary. American Journal of Sociology, vol. 111, no. 5, 1367–1411. doi: 10.1086/499507.
Stein, Arlene / Daniels, Jessie 2017: Going public. A guide for social scientists. Chicago: University of Chicago Press.
Vedres, Balázs / Stark, David 2010: Structural Folds: Generative Disruption in Overlapping Groups. American Journal of Sociology, vol. 115, no. 4, 1150–1190. doi: 10.1086/649497.
von Foerster, Heinz 1984: Observing systems. 2nd edition. Seaside, Calif.: Intersystems Publishers.

Soziologie, 54. Jg., Heft 4, 2025, S. 484–498

Akademische Zufriedenheit: Wer bleibt, wer geht?

Bewertung der Zufriedenheit an deutschsprachigen Hochschulen[1]

Ilona Pap und Antonia Velicu

Einführung

Rund ein Drittel der Post-Docs in der Schweiz verlässt die Wissenschaft (Würth, Brunner, Gorin 2024). Die Literatur zeigt, dass dies aufgrund von Faktoren geschieht, die nicht mit deren Qualifikationen oder Fähigkeiten zusammenhängen (Nielsen 2017; Spoon et al. 2023). Gerade wenn die Abbrecherquote durch systemische Faktoren bedingt ist, die nichts mit der wissenschaftlichen Kompetenz zu tun haben, ist das Verständnis der zugrundeliegenden Mechanismen von entscheidender Bedeutung. Wenn sich diese Faktoren unverhältnismäßig stark auf bestimmte Gruppen auswirken, sind Angehörige dieser Gruppen in akademischen Spitzenpositionen unterrepräsentiert, was Zweifel an der leistungsorientierten Natur der Wissenschaft und ihrer Fähigkeit zur Förderung von Exzellenz und Innovation aufkommen lässt.

Bei der Entscheidung, ob Mitarbeiter:innen im Unternehmen bleiben wollen, spielt die Arbeitszufriedenheit, definiert als die Gesamteinstellung einer Person zu ihrer Arbeit, eine zentrale Rolle, da sie nicht nur die beruf-

1 Eine geringfügig geänderte, englische Version dieses Textes wurde im Bulletin der Schweizerischen Gesellschaft für Soziologie 165, 2024 veröffentlicht.

liche Erfüllung, sondern auch die allgemeine Lebenszufriedenheit beeinflusst (Zhu 2013; Flory 2014). Angesichts des erheblichen Zeit- und Energieaufwands, den eine akademische Laufbahn mit sich bringt, ist die Zufriedenheit mit der eigenen Arbeit von entscheidender Bedeutung, um die vielen Jahre der Ausbildung, Forschung und des Wettbewerbs um akademische Positionen durchzuhalten (Llobet, Fito 2013). Daly und Dee (2006) zeigen, dass die Absicht, in der Wissenschaft zu bleiben, von strukturellen Faktoren wie Autonomie und Arbeitsbelastung, externen Umweltfaktoren wie Beschäftigungsmöglichkeiten oder familiären Verpflichtungen und psychologischen Faktoren wie zum Beispiel Arbeitszufriedenheit oder organisatorisches Engagement beeinflusst wird. Positive Emotionen wie Arbeitszufriedenheit fördern affiliative Einstellungen, die zum Beispiel in organisatorischem Engagement zum Ausdruck kommen können (Llobet, Fito 2013) und wiederum stark mit der Absicht korrelieren, das Arbeitsverhältnis fortzusetzen (Daly, Dee 2006). Daher wirkt sich Arbeitszufriedenheit nicht nur direkt auf die Entscheidung von Forscher:innen aus, zu bleiben oder zu gehen, sondern trägt auch zu einem tieferen organisatorischen Engagement bei, das die langfristige Bindung an die Wissenschaft stärkt.

Wir werden daher der Frage nachgehen, inwieweit die Wahrnehmung spezifischer Arbeitsplatzmerkmale und Arbeitsbedingungen in der Wissenschaft mit Arbeitszufriedenheit zusammenhängt und ob diese Effekte nach Geschlecht variieren. Anhand von Daten aus dem Jahr 2020 aus Deutschland, Österreich und der Schweiz wird untersucht, ob berufsbezogene Faktoren bei Männern und Frauen unterschiedlich mit der Arbeitszufriedenheit korrelieren, was angesichts der Unterrepräsentation von Frauen in höheren akademischen Positionen die Bedeutung von geschlechtsspezifischen Erkenntnissen unterstreicht.

Frühere Forschungen zur Arbeitszufriedenheit im akademischen Bereich haben uneinheitliche Ergebnisse erbracht (Bentley et al. 2013; Shin, Jung 2014; Webber, Rogers 2018). Diese Diskrepanzen können auf Veränderungen in den institutionellen Strukturen zurückzuführen sein, aber auch darauf, wie die Wissenschaftssysteme in den verschiedenen Ländern funktionieren (Höhle, Teichler 2013; Kwiek, Antonowicz 2013). Daher bietet die Betrachtung des akademischen Personals in Deutschland, Österreich und der Schweiz, wo die akademischen Systeme ähnlich sind, wertvolle Einblicke zum Diskurs.

Konzeptualisierung und Mechanismen der Arbeitszufriedenheit

Arbeitszufriedenheit bezeichnet in der Regel einen positiven Gefühls- oder Einstellungszustand, den Personen gegenüber ihrer beruflichen Tätigkeit empfinden. Sie setzt sich aus affektiven und kognitiven Komponenten zusammen und wird durch persönliche Erfahrungen und das institutionelle Umfeld geprägt (Zhu 2013; Filiz 2014; Locke 1976). Arbeitszufriedenheit im akademischen Bereich ist ein komplexes und multidimensionales Konstrukt. Zwar wird oft argumentiert, dass Forscher:innen an Hochschulen in erster Linie durch intrinsische Motivatoren wie Leidenschaft für ihr Fachgebiet und intellektuelle Erfüllung angetrieben werden und nicht durch extrinsische Belohnungen wie das Gehalt (Bentley et al. 2013; McInnis, Anderson 2005), doch um Arbeitszufriedenheit in akademischen Berufen genau zu verstehen, ist eine differenziertere Betrachtung erforderlich.

Herzberg, Mausner und Snyderman (1959) unterscheiden zwischen zwei Arten von Faktoren, die die Arbeitszufriedenheit beeinflussen: sogenannte Hygienefaktoren und Motivatoren. Zu den Hygienefaktoren gehören externe Arbeitselemente wie Gehalt, Sicherheit, Arbeitsbedingungen und Unternehmenspolitik. Sie fördern Arbeitszufriedenheit nicht direkt, doch ihr Fehlen steigert die Unzufriedenheit. Sind die Hygienefaktoren angemessen erfüllt, entsteht meist ein neutrales Wohlbefinden. Im Gegensatz dazu sind Motivatoren wie Leistung, Anerkennung, Verantwortung und Entwicklungsmöglichkeiten der Arbeit selbst inhärent und tragen direkt zur Arbeitszufriedenheit bei, was zu persönlichem Erfolg, Selbstverwirklichung und einem Gefühl der Erfüllung bei der Arbeit führt. Das Modell legt nahe, dass langfristige Zufriedenheit in erster Linie von Motivatoren herrührt. Linda Serra Hagedorn erweiterte das Verständnis von Arbeitszufriedenheit, indem sie auslösende und vermittelnde Faktoren (*triggers and mediators*) einführte, und die dynamische und kontextabhängige Natur von Arbeitszufriedenheit hervorhob (Hagedorn 2000). Trigger sind bedeutende Lebensereignisse, wie sie zum Beispiel durch Änderungen in der familiären Situation oder des emotionalen Zustands, durch Wechsel der beruflichen Position oder der Institution vorkommen, die die individuelle Wahrnehmung der Arbeit im Laufe der Zeit verändern und somit die Zufriedenheit beeinflussen können. Mediatoren erklären, wie sich solche Trigger auf die Arbeitszufriedenheit auswirken. Sie lassen sich in drei Kategorien einteilen: erstens Motivatoren und Hygienefaktoren, die die ursprüngliche Theorie von Herzberg, Mausner und Snyderman widerspiegeln und zweitens demografische Faktoren wie Alter, Geschlecht und Ethnie, die die Reaktion verschiedener Personen auf ein und dasselbe Arbeitsumfeld beeinflussen, und drittens Umweltbedingungen, zu denen institutionelle Grundsätze, organisatorische Voraussetzungen und externe Gegebenheiten zählen, die den Kontext beeinflussen, in dem Arbeitszufriedenheit erlebt wird. Dieses Modell bietet ein differenzierteres Verständnis der Arbeitszufriedenheit, indem es die Interaktion zwischen individuellen Erfahrungen und institutioneller Dynamik hervorhebt, was erklärt, warum das Zufriedenheitsniveau selbst unter Akademiker:innen in ähnlichen Funktionen erheblich variieren kann.

Die Arbeitsbedingungen in der Wissenschaft prägen die Arbeitszufriedenheit, variieren jedoch international erheblich (Bentley et al. 2013; Höhle, Teichler 2013). So fördern höhere Gehälter im Allgemeinen die Zufriedenheit, auch wenn Einkommensniveaus europaweit stark divergieren (Kwiek, Antonowicz 2013). Viele Wissenschaftler:innen stehen unter erheblichem Druck, zu publizieren und Drittmittel einwerben zu müssen, was sich in wettbewerbsorientierten Systemen mit begrenzten institutionellen Ressourcen besonders stark auswirkt und die Arbeitszufriedenheit negativ beeinflusst (Drennan et al. 2013; Shin, Jung 2014). Darüber hinaus fördert ein kollegiales Arbeitsumfeld mit gemeinsamen Entscheidungsprozessen und gegenseitiger Unterstützung die Zufriedenheit im Vergleich zu hierarchischen Strukturen (Bozeman, Gaughan 2011). Karriereaussichten haben ebenfalls Einfluss auf die Zufriedenheit, wobei sich Akademiker:innen in Norwegen und der Schweiz diesbezüglich optimistisch äußern, während Forscher:innen in Österreich und Italien geringere Aufstiegserwartungen haben (Kwiek, Antonowicz 2013).

Die Unterschiede in den Arbeitsbedingungen machen deutlich, wie wichtig akademische Systeme und institutionelle Praktiken für die Gestaltung der Zufriedenheit sind. Marktorientierte und betriebswirtschaftliche Systeme mit verringerter Arbeitsplatzsicherheit erhöhen Stress und Unzufriedenheit (Shin, Jung 2014; Castellacci, Viñas-Bardolet 2021). Diese Ergebnisse stimmen mit dem Konzept der Hygienefaktoren überein, bei dem die Arbeitsplatzsicherheit ein Schlüsselelement zur Vermeidung von Unzufriedenheit darstellt. Castellacci und Viñas-Bardolet betonen, dass Festanstellungen vor allem in frühen Karrierephasen Forscher:innen ermöglichen, ihren beruflichen Werdegang zu planen, sich auf sinnstiftende Arbeit zu konzentrieren und persönliche Angelegenheiten wie den Kauf eines Hauses oder die Gründung einer Familie zu regeln. Dies stützt das Modell von Hagedorn, das betont, dass umfassendere persönliche und institutionelle Veränderungen wie eine Festanstellung als *trigger* und *mediator* für die allgemeine Arbeitszufriedenheit fungieren. Darüber hinaus beeinflussen demografische Faktoren, die Karrieresituation und familiäre Verpflichtungen, wie Forscher:innen verschiedene Arbeitsbedingungen bewerten, was sich auf die allgemeine Zufriedenheit auswirkt.

Zusammenfassend lässt sich sagen, dass die Arbeitsbedingungen zwar von grundlegender Bedeutung für das Verständnis der Arbeitszufriedenheit im akademischen Bereich sind. Sie können jedoch nicht isoliert betrachtet werden, sondern müssen im Zusammenhang mit demografischen Faktoren und individuellen Lebensereignissen gesehen werden.

Geschlecht und Arbeitszufriedenheit

Die Forschung über geschlechtsspezifische Unterschiede hinsichtlich der Arbeitszufriedenheit ergibt ein komplexes Bild (Hagedorn 2000). Einige Studien berichten, dass Frauen insgesamt zufriedener sind, während andere nur geringe Unterschiede feststellen oder sogar zeigen, dass Männer zufriedener sind (Ward, Sloane 2000; Machado-Taylor, White, Gouveia 2014). Bei der Untersuchung spezifischer, arbeitsplatzbezogener Faktoren treten jedoch deutliche geschlechtsspezifische Unterschiede hervor. Männer sind in der Regel zufriedener mit Aspekten wie Gehalt und Sozialleistungen, während familienbezogene Faktoren eine größere Rolle für die Zufriedenheit von Frauen spielen (Hagedorn 2000). Wie sich eine Tenure-Track-Position auf die Arbeitszufriedenheit auswirkt, und ob dabei Geschlechterunterschiede bestehen, ist in der Literatur bislang nicht eindeutig geklärt. Studien kommen zu unterschiedlichen Ergebnissen (Webber, Rogers 2018). Cerci und Dumludag (2019) betonen aber, dass Faktoren wie Arbeitsplatzsicherheit, Belästigung am Arbeitsplatz, Publikationsdruck und verfügbare Forschungszeit die Arbeitszufriedenheit je nach Geschlecht unterschiedlich beeinflussen Die Studie zeigt insbesondere, dass Frauen stärker unter informellem Druck und einem feindseligen Arbeitsumfeld leiden, während die Zufriedenheit der Männer abnimmt, wenn die Forschungszeit als unzureichend empfunden wird. Diese Ergebnisse deuten darauf hin, dass das Geschlecht eine entscheidende Rolle dabei spielt, wie diese Faktoren erlebt und bewertet werden, wobei Frauen möglicherweise mehr Zufriedenheit aus intrinsischen Aspekten ihrer Arbeit ziehen als aus extrinsischen Belohnungen.

Folglich können die Herzbergschen Hygienefaktoren wie Arbeitsplatzsicherheit und Gehalt geschlechtsspezifisch analysiert werden (Acker 1990). Forscher:innen in statusniedrigeren akademischen Beschäftigungsverhältnissen äußern in der Regel eine größere Unzufriedenheit mit diesen Aspekten, die häufig durch geschlechtsspezifische Unterschiede noch verstärkt wird. In der Regel sind Frauen in niedrigeren akademischen Positionen zu finden, ein Phänomen, das als *leaky pipeline* bekannt ist, in der die Repräsentation von Frauen abnimmt, je weiter sie in ihrer Laufbahn kommen. Die höchsten akademischen Positionen sind mehrheitlich von Männern besetzt und gehen mit höherer Bezahlung, mehr Sicherheit und allgemein besseren Arbeitsbedingungen einher (Woodhams, Trojanowski, Wilkinson 2022).

Eine andere Studie über akademisches Personal in zwölf europäischen Ländern ergab, dass Frauen eher als Männer das Gefühl haben, dass sie keinen Einfluss auf die Entwicklung ihres Departments haben (Goastellec, Pekari 2013). Nach Kontrolle von Variablen wie akademischer Status, Art der Einrichtung, Fachbereich, Alter und Teilzeitarbeit verschwanden in den meisten Ländern die signifikanten geschlechtsspezifischen Unterschiede beim wahrgenommenen Einfluss. Dieses Ergebnis deutet darauf hin, dass das geringere Einflussempfinden von Frauen stärker mit ihrem akademischen Rang zusammenhängt als mit ihrem Geschlecht allein. Vor dem Hintergrund der bisherigen Literatur scheint es nach wie vor geschlechtsspezifische Ungleichgewichte beim Hygienefaktor Arbeitsbedingungen zu geben, wobei Frauen im akademischen Bereich eher unzufrieden mit ihrem Einkommen, ihrer Arbeitsplatzsicherheit und ihren Aufstiegschancen sind.

Da die Literatur aufgrund von system- und länderspezifischen Unterschieden uneinheitliche Ergebnisse liefert, wollen wir dieses Bild präzisieren, indem wir die geschlechtsspezifischen Unterschiede in einer bestimmten Region und damit in einem stärker kontrollierten Kontext untersuchen: in den deutschsprachigen Ländern Schweiz, Österreich und Deutschland.

Daten und Messverfahren

Um unsere Forschungsfrage zu beantworten, stützen wir uns auf eine große Open-Source-Webumfrage, die 2020 unter 15.778 Forscher:innen an Hochschulen in der Schweiz, Deutschland und Österreich durchgeführt wurde

(Rauhut et al. 2024).[2] Unsere abhängige Variable, die Arbeitszufriedenheit, wird folgendermaßen erhoben: »Wie zufrieden oder unzufrieden sind Sie mit den folgenden Bereichen Ihres Lebens: Arbeit«, bewertet auf einer Likert-Skala mit Werten von 0 bis 10. Zusätzlich umfasst unsere Analyse eine Reihe unabhängiger Variablen, die das Geschlecht [weiblich, männlich][3], die akademische Position [Doktorand:in, Postdoc und Professor:in], Kinder unter 7 Jahren [ja, nein], das Fachgebiet [Geisteswissenschaften, Lebenswissenschaften, Naturwissenschaften, Ingenieurwesen], das Land [Deutschland, Österreich, Schweiz] und spezifische Arbeitsbedingungen im akademischen Umfeld beinhalten [Autonomie, Entwicklungsmöglichkeiten, Gehalt, Sinnhaftigkeit der Arbeit, Aufstiegsmöglichkeiten, kollegiales Umfeld, hohe Konkurrenz, Publikationsdruck, Druck zur Einwerbung von Fördermitteln, Arbeitsbelastung].[4] Die konkreten Fragestellungen sowie die Verteilungen der Variablen finden sich in der Dokumentation des Datensatzes (Rauhut et al. 2021: 87 ff.).

Ergebnisse

Wir beginnen unsere Diskussion der empirischen Ergebnisse mit einem Blick auf die geschlechtsspezifische Ausprägung der abhängigen Variable »Arbeitszufriedenheit«. Aus Tabelle 1 geht hervor, dass Forscher:innen ein solides Niveau der Arbeitszufriedenheit mit einem Medianwert von 7,09 angeben. Der Unterschied zwischen der Arbeitszufriedenheit von Männern und Frauen ist minimal (Korrelationskoeffizient = -0,050), wobei Männer einen etwas höheren Durchschnittswert angeben.

---

2 Detaillierte Informationen über das Umfragedesign, die Stichprobenziehung und die Datenerhebungsverfahren finden sich im Methodenbericht (Rauhut et al. 2021). Die Datenerhebung erfolgte zu Beginn des COVID-19-Lockdowns in ganz Europa. Raabe et al. (2020) verglichen die Wissenschaftler:innen, die den Fragebogen vor und nach den Abriegelungsmaßnahmen ausfüllten, und stellten fest, dass die Gesamtzufriedenheit im Großen und Ganzen stabil blieb.

3 In der Umfrage gab es auch die Möglichkeit »Divers« anzukreuzen, allerdings kann in den folgenden Analysen aufgrund der geringen Fallzahl (N=91) nicht darauf eingegangen werden.

4 Siehe Tabelle 2 für den genauen Wortlaut.

Tabelle 1: Arbeitszufriedenheit nach Geschlecht

	Mittelwert	Standardabweichung	Stichprobe
Frauen	6,96	2,46	6.839
Männer	7,20	2,46	8.701
Beide	7,09	2,47	15.644

Quelle: The Zurich Survey of Academics (Rauhut et al. 2024), eigene Berechnungen

Im nächsten Schritt berechnen wir lineare Regressionsmodelle, um verschiedene unabhängige Variablen zu untersuchen, und beziehen sie schrittweise in die Modelle ein. Die Modelle werden weiter in Teilstichproben für Männer und Frauen aufgeteilt. Modell 1 umfasst ausschließlich das Geschlecht, das Vorhandensein kleiner Kinder, den akademischen Rang, die Fachrichtung und das Land. Die Ergebnisse zeigen, dass Frauen im Vergleich zu Männern ein leichtes, aber signifikant niedrigeres Maß an Arbeitszufriedenheit aufweisen. Dieser Unterschied ist jedoch nicht mehr signifikant, wenn wir konkrete Arbeitsbedingungen berücksichtigen (Modell 2). Darüber hinaus zeigt Modell 1, dass das Vorhandensein kleiner Kinder mit einer geringeren Arbeitszufriedenheit verbunden ist, und dieser Effekt bleibt auch im vollständig spezifizierten Modell signifikant (Modell 2). Postdocs und Professor:innen geben eine deutlich höhere Arbeitszufriedenheit an als Doktorand:innen. Darüber hinaus korrelieren die Lebenswissenschaften negativ mit dem Zufriedenheitsniveau, obwohl dieser Effekt in den nachfolgenden Modellen nicht mehr signifikant ist. Die Arbeit in Österreich und der Schweiz ist in allen Modellen durchgängig mit einer höheren Arbeitszufriedenheit verbunden, wobei die Schweiz einen besonders starken positiven Effekt zeigt.

Arbeitsbedingungen: Gesamtstichprobe

Die Arbeitsbedingungen scheinen ein wichtiger Faktor für die Arbeitszufriedenheit zu sein. Autonomie, Möglichkeiten zur beruflichen Weiterentwicklung, Sinnhaftigkeit der Arbeit und ein kollegiales Arbeitsumfeld stehen in einem starken positiven Zusammenhang mit der Arbeitszufriedenheit. Umgekehrt sind niedrige Gehälter, übermäßiges Arbeitspensum und der Druck, Drittmittel einzuwerben, stark mit einer geringeren Arbeitszufriedenheit verbunden. Überraschenderweise ist der Einfluss der gefühlten Konkurrenz innerhalb eines Fachgebiets weitgehend unbedeutend.

Tabelle 2: OLS-Regressionsanalyse mit Arbeitszufriedenheit als abhängiger Variable

	Modell 1	Modell 2	Modell 3	Modell 4
		Koeffizient (Standardfehler)		
Stichprobe	*Gesamt*	*Gesamt*	*Männer*	*Frauen*
Frauen (ref: Männer)	−0,089* (0,044)	0,024 (0,030)	–	–
Kinder unter 7 Jahren	−0,107* (0,050)	−0,140*** (0,040)	−0,152*** (0,050)	−0,125 (0,070)
Postdoc (ref: Promovierte)	0,196*** (0,050)	0,200*** (0,050)	0,244*** (0,050)	0,153*** (0,060)
Professor:innen (ref: Promovierte)	1,110*** (0,060)	0,523*** (0,060)	0,529*** (0,060)	0,554*** (0,080)
Biowissenschaften (ref: Geisteswissenschaften)	−0,200*** (0,060)	0,016 (0,040)	−0,060 (0,060)	0,091 (0,060)
Naturwissenschaften (ref: Geisteswissenschaften)	−0,030 (0,060)	0,006 (0,040)	0,022 (0,060)	−0,045 (0,080)
Ingenieurwesen (ref: Geisteswissenschaften)	0,100 (0,060)	0,171*** (0,050)	0,199*** (0,060)	0,078 (0,100)
Österreich (ref: Deutschland)	0,330*** (0,060)	0,294*** (0,050)	0,247*** (0,060)	0,360*** (0,070)
Schweiz (ref: Deutschland)	0,530*** (0,050)	0,386*** (0,040)	0,284*** (0,050)	0,512*** (0,060)
Arbeitsbedingungen				
Ich genieße in meinem Arbeitsalltag weitgehende Autonomie	–	0,233*** (0,020)	0,213*** (0,020)	0,254*** (0,020)
Mir wird die Möglichkeit gegeben, mich fachlich und beruflich weiterzubilden	–	0,210*** (0,010)	0,235*** (0,020)	0,180*** (0,020)
Mein Gehalt ist zu niedrig	–	−0,092*** (0,010)	−0,082*** (0,010)	−0,105*** (0,020)
Meine Arbeit ist sinnstiftend	–	0,534*** (0,010)	0,547*** (0,020)	0,518*** (0,020)
Die Wissenschaft bietet mir langfristige Aufstiegschancen	–	0,235*** (0,010)	0,251*** (0,020)	0,211*** (0,020)
Mein berufliches Umfeld ist angenehm und kollegial	–	0,423*** (0,010)	0,435*** (0,020)	0,405*** (0,020)
Die Konkurrenz unter meinen Fachkolleg:inn:en ist groß	–	−0,010 (0,010)	0,014 (0,020)	−0,040* (0,020)

	Modell 1	Modell 2	Modell 3	Modell 4
		Koeffizient (Standardfehler)		
Stichprobe	*Gesamt*	*Gesamt*	*Männer*	*Frauen*
Der Druck zu publizieren, ist in meinem Fachgebiet hoch	–	−0,031* (0,020)	−0,040* (0,020)	−0,021 (0,020)
Der Druck, Drittmittel einzuwerben, ist in meinem Fachgebiet hoch	–	−0,081*** (0,010)	−0,094*** (0,020)	−0,060*** (0,020)
Meine Arbeitsbelastung ist zu hoch	–	−0,173*** (0,010)	−0,173*** (0,020)	−0,176*** (0,020)
Konstante	6,660*** (0,050)	1,037*** (0,130)	0,858*** (0,170)	(0,190)
N	13.459	13.459	7.577	5.882
Bereinigtes R^2	0,047	0,423	0,441	0,398

*Anmerkung: *** p < 0,001; ** p < 0,01; * p < 0,05*
Quelle: The Zurich Survey of Academics (Rauhut et al. 2024), eigene Analysen

Arbeitsbedingungen: Unterstichproben von Männern und Frauen

Die Untersuchung der Teilstichproben für Männer (Modell 3) und Frauen (Modell 4) zeigt keine überwältigenden Unterschiede in der Effektgröße, Richtung oder Signifikanz zwischen den beiden Gruppen (Tabelle 2). Dennoch zeigen sich einige erwähnenswerte Unterschiede. Erstens ist das Vorhandensein kleiner Kinder in der weiblichen Teilstichprobe nicht signifikant, während es bei den Männern negativ mit der Arbeitszufriedenheit verbunden ist. Zweitens besteht in der weiblichen Teilstichprobe kein signifikanter positiver Zusammenhang zwischen Ingenieurwesen und Arbeitszufriedenheit, was auf die geringe Anzahl von Frauen in diesem Bereich zurückzuführen sein könnte. Eine interessante Diskrepanz zwischen den beiden Teilstichproben besteht darin, dass ein erhöhter Konkurrenzdruck bei Frauen eine signifikant negative Auswirkung auf die Arbeitszufriedenheit hat, während dieser Koeffizient bei den Männern nicht signifikant ist. Dieser Befund deutet darauf hin, dass die Arbeitszufriedenheit von Frauen durch intensiven Wettbewerb stärker beeinträchtigt wird als die von Männern. Darüber hinaus ist die negative Korrelation zwischen Veröffentlichungsdruck und Arbeitszufriedenheit in der weiblichen Teilstichprobe nicht signifikant, während sie in der männlichen Teilstichprobe signifikant ist. Dies könnte darauf hindeuten, dass die Arbeitszufriedenheit von Männern stärker durch den Publikationsdruck beeinflusst wird als die von Frauen. Betrachtet man den geschlechtsspezifischen Unterschied in den bereinigten R^2-Werten, so erklärt das Modell etwas mehr Varianz in der Arbeitszufriedenheit von Männern (0,441) als von Frauen (0,398).

Abbildung 1: Geschlechtsspezifische Auswirkungen von beruflichen Entwicklungsmöglichkeiten und erhöhtem Konkurrengefühl auf die Arbeitszufriedenheit

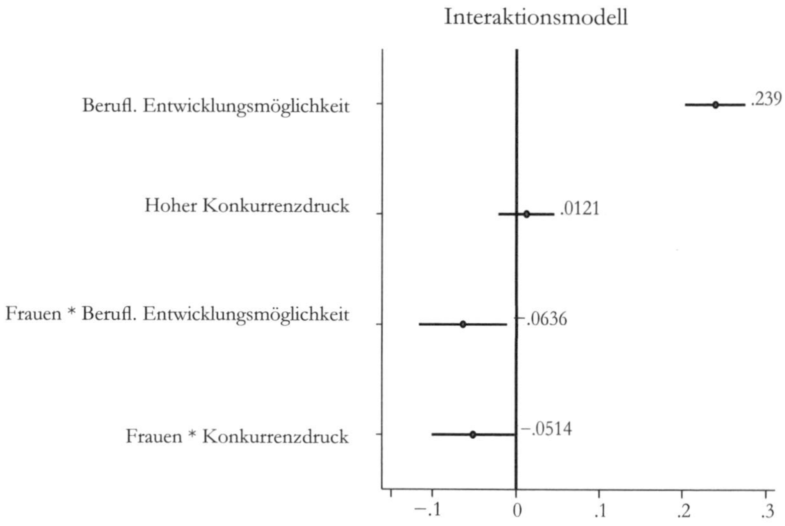

Anmerkung: Die Analyse umfasst eine Stichprobe von N= 13.459, wobei die Arbeitszufriedenheit die abhängige Variable ist. Die unabhängigen Variablen umfassen das Geschlecht, die akademische Position, Kinder unter sieben Jahren, das akademische Fachgebiet, das Land und alle Arbeitsbedingungen zusammen mit den Wechselwirkungen der einzelnen Arbeitsbedingungen und dem Geschlecht. In der Abbildung sind nur die Koeffizienten für berufliche Entwicklung und Wettbewerb sowie deren Interaktion mit dem Geschlecht dargestellt. Quelle: The Zurich Survey of Academics (Rauhut et al. 2024), eigene Analysen.

In einer weiteren Analyse haben wir Interaktionsterme der Arbeitsbedingungen und des Geschlechts einbezogen, um mögliche geschlechtsspezifische Unterschiede statistisch zu testen. Die Ergebnisse deuten darauf hin, dass berufliche Entwicklungsmöglichkeiten und Konkurrenz in der Wissenschaft für Männer und Frauen unterschiedlich wirken (siehe Abbildung 1). Während die berufliche Entwicklung im Allgemeinen die Arbeitszufriedenheit erhöht, ist dieser Effekt bei Frauen schwächer ausgeprägt als bei Männern. Darüber hinaus beeinträchtigt der Wettbewerb im akademischen Bereich die Arbeitszufriedenheit von Frauen stärker als die von Männern.

Fazit

In diesem Beitrag gehen wir der Frage nach, inwieweit bestimmte Arbeitsbedingungen in der Wissenschaft mit der Arbeitszufriedenheit korrelieren und ob sich diese Effekte nach Geschlecht unterscheiden. Wir haben die Antworten von 13.459 Forscher:innen aus Deutschland, Österreich und der Schweiz analysiert, um mögliche geschlechtsspezifische Effekte bestimmter Arbeitsbedingungen zu untersuchen, wobei wir die akademische Position, das Fachgebiet, das Land sowie Betreuungspflichten für Kinder jünger als sieben Jahre kontrolliert haben. Auf den ersten Blick zeigen unsere Ergebnisse einen kleinen, aber bemerkenswerten Geschlechterunterschied in der Zufriedenheit: Männer geben eine etwas höhere Zufriedenheit an als Frauen. Werden jedoch unterschiedliche Arbeitsbedingungen in die Analyse einbezogen, ist der Unterschied zwischen Männern und Frauen nicht mehr signifikant.

Im Hinblick auf die Arbeitsbedingungen zeigen die Ergebnisse, dass diese Faktoren stark mit der Arbeitszufriedenheit korrelieren. Positive Korrelationen werden für Autonomie, Kollegialität, Sinnhaftigkeit der Arbeit und berufliche Entwicklungsmöglichkeiten beobachtet, während negative Korrelationen bei niedrigem Gehalt, hoher Arbeitsbelastung und starkem Druck in Bezug auf Finanzierung und Veröffentlichung festgestellt werden. Insgesamt ist bei diesen Arbeitsbedingungen kein starker geschlechtsspezifischer Effekt festzustellen. Unsere Analyse zeigt jedoch, dass sich bestimmte Einflussgrößen auf Männer und Frauen unterschiedlich auswirken: Während berufliche Entwicklungsmöglichkeit für beide Gruppen eine positive Rolle spielen, hängen sie bei Frauen weniger stark mit Zufriedenheit zusammen. Das deutet darauf hin, dass die bestehenden Optionen möglicherweise nicht in vollem Umfang jene spezifischen Aspekte berücksichtigen, die die beruflichen Erfahrungen von Frauen in der Wissenschaft verbessern könnten. Darüber hinaus zeigt sich für Männer kein statistisch signifikanter Zusammenhang zwischen Konkurrenzdruck und Arbeitszufriedenheit, während der Zusammenhang bei Frauen signifikant negativ ist. Ein deskriptiver Blick auf die Daten zeigt, dass Frauen den Wettbewerbsdruck insgesamt nicht als intensiver einschätzen als Männer. Dies legt nahe, dass Frauen nicht notwendigerweise einem höheren Wettbewerbsdruck ausgesetzt sind, sondern anders darauf reagieren, was sich stärker auf ihre Arbeitszufriedenheit auswirken könnte. Dieser Befund deckt sich mit anderen Forschungsergebnissen, die zeigen, dass Frauen eher bereit sind, ein konkurrenzbetontes Arbeitsumfeld zu verlassen, insbesondere wenn attraktive Alternativen auf dem Arbeitsmarkt verfügbar sind (zum Beispiel Flory, Leibbrandt, List 2014). Insbesondere in der Schweiz, wo die Arbeitslosenquote niedrig, das Medianeinkommen vergleichsweise hoch liegt und der Arbeitsmarkt zahlreiche attraktive Stellen mit günstigen Bedingungen bietet, könnte es für Frauen attraktiver sein, die Wissenschaft zu verlassen.

Obwohl diese Studie wertvolle Erkenntnisse liefert, ist sie aufgrund ihres Querschnittsdesigns eingeschränkt, so dass eine Analyse der dynamischen Rolle von Lebensereignissen oder *Triggern* auf die Arbeitszufriedenheit nicht möglich ist, die durch Forschung mit Längsschnittdaten erfasst werden könnten, wie es das Modell von Linda Serra Hagedorn vorschlägt. Außerdem haben wir externe Faktoren wie Diskriminierung und Stereotypisierung nicht getestet, die durchaus die Arbeitszufriedenheit und die Karriere von Frauen beeinflussen können (Webber, Rogers 2018).

Literatur

Acker, Joan 1990: Hierarchies, Jobs, Bodies: A Theory of Gendered Organizations. Gender & Society, vol. 4, no. 2, 139–158.

Bentley, Peter James / Hamish, Coates / Dobson, Ian R. / Goedegebuure, Leo / Meek, V. Lynn 2013: Introduction: Satisfaction around the World? In Peter J. Bentley / Hamish Coates / Ian R. Dobson / Leo Goedegebuure / Lynn V. Meek (eds.), Job satisfaction Around the Academic World. Dordrecht: Springer, 1–11.

Bozeman, Barry / Gaughan, Monica 2011: Job Satisfaction among University Faculty: Individual, Work, and Institutional Determinants. The Journal of Higher Education, vol. 82, no. 2, 154–186.

Castellacci, Fulvio / Viñas-Bardolet, Clara 2021: Permanent Contracts and Job Satisfaction in Academia: Evidence from European Countries. Studies in Higher Education, vol. 46, no. 9, 1866–1880.

Cerci, Pervin Ahu / Dumludag, Devrim 2019: Life Satisfaction and Job Satisfaction among University Faculty: The Impact of Working Conditions, Academic Performance and Relative Income. Social Indicators Research, vol. 144, 785–806.

Daly, Cheryl J. / Dee, Jay R. 2006: Greener Pastures: Faculty Turnover Intent in Urban Public Universities. The Journal of Higher Education, vol. 77, no. 5, 776–803.

Drennan, Jonathan / Clarke, Marie / Hyde, Abbey / Politis, Yurgos 2013: The Research Function of the Academic Profession in Europe. In Ulrich Teichler / Ester A. Höhle (eds.), The Work Situation of the Academic Profession in Europe: Findings of a Survey in Twelve Countries. Dordrecht: Springer, 109–136.

Filiz, Zeynep 2014: An analysis of the Levels of Job Satisfaction and Life Satisfaction of the Academic Staff. Social Indicators Research, vol. 116, 793–808.

Flory, A. Jeffrey / Leibbrandt, Andreas / List, John A. 2015: Do Competitive Workplaces Deter Female Workers? A Large-scale Natural Field Experiment on Job Entry Decisions. The Review of Economic Studies, 82(1), 122–155.

Goastellec, Gaele / Pekari, Nicolas 2013: Gender Differences and Inequalities in Academia: Findings in Europe. In Ulrich Teichler / Ester A. Höhle (eds.), The Work Situation of the Academic Profession in Europe: Findings of a Survey in Twelve Countries. Dordrecht: Springer, 109–136.

Hagedorn, Linda Serra 2000: Conceptualizing Faculty Job Satisfaction: Components, Theories, and Outcomes. New Directions for Institutional Research, vol. 105, 5–20.

Herzberg, Frederik / Mausner, Bernard / Snyderman, Barbara B. 1959: The Motivation to Work. New York: John Wiley & Sons.

Höhle, Ester A / Teichler, Ulrich 2013: Determinants of Academic Job Satisfaction in Germany. In Peter J. Bentley / Hamish Coates / Ian R. Dobson / Leo Goedegebuure / Lynn V. Meek (eds.), Job Satisfaction around the Academic World. Dordrecht: Springer, 125–143.

Kwiek, Marek / Antonowicz, Dominik 2013: Academic Work, Working Conditions and Job Satisfaction. In Ulrich Teichler / Ester A. Höhle (eds.), The Work Situation of the Academic Profession in Europe: Findings of a Survey in Twelve Countries. Dordrecht: Springer, 37–54.

Llobet, Joan / Fito, Angels M. 2013: Organizational Commitment, Job satisfaction and Intention to Stay: Literature Review. Intangible Capital, vol. 9, no. 4, 1068–1079.

Locke, Edwin. A. 1976: The Nature and Causes of Job Satisfaction. In M. D. Dunnette (ed.), Handbook of Industrial and Organizational Psychology. Chicago, IL: Rand McNally, 1297–1343.

Machado-Taylor, Maria de Lourdes / White, Kate / Gouveia, Odilia 2014: Job Satisfaction of Academics: Does Gender Matter? Higher Education Policy, vol. 27, 363–384.

McInnis, Craig / Anderson, Malcolm 2005: Academic Work Satisfaction in the Wake of Institutional Reforms in Australia. In Anthony Welch (ed.), The Professoriate: Profile of a Profession. Higher Education Dynamics series, vol. 7. Dordrecht: Springer, 133–145.

Nielsen, Mathias Wullum 2017: Reasons for Leaving the Academy: A Case Study on the ›Opt out‹ Phenomenon Among Younger Female Researchers. Gender, Work & Organization, vol. 24, no. 2, 134–155.

Raabe, Isabel J. / Ehlert, Alexander / Johann, David / Rauhut, Heiko 2020: Satisfaction of Scientists during the COVID-19 Pandemic Lockdown. Humanities and Social Sciences Communications, vol. 7, no. 1, 1–7.

Rauhut, Heiko / Johann, David / Jerke, Julia / Rathmann, Justus / Velicu, Antonia 2021: The Zurich Survey of Academics: Methods, Design, and Data. Zurich Open Repository and Archive. doi.org/10.5167/uzh-204689.

Rauhut, Heiko / Johann, David / Jerke, Julia / Rathmann, Justus / Velicu, Antonia 2024: Zurich Survey of Academics (Version 1.0) [Data set]. doi.org/10.48573/3tgw-0y57.

Shin, Jung Cheol / Jung, Jisun 2014: Academics Job Satisfaction and Job Stress Across Countries in the Changing Academic Environments. Higher Education, vol. 67, 603–620.

Spoon, Katie / LaBerge, Nicholas / Wapman, K. Hunter / Zhang, Sam / Morgan, Allison C. / Galesic, Mirta / Fosdick, Bailey K. / Larremore, Daniel B. / Clauset, Aaron 2023: Gender and Retention Patterns Among US Faculty. Science Advances, vol. 9, no. 42, eadi2205.

Ward, E. Melanie / Sloane, Peter J. 2000: Non-pecuniary Advantages versus Pecuniary Disadvantages; Job Satisfaction Among Male and Female Academics in Scottish Universities. Scottish Journal of Political Economy, vol. 47, no. 3, 273–303.

Webber, Karen L. / Rogers, Samantha M. 2018: Gender Differences in Faculty Member Job Satisfaction: Equity Forestalled? Research in Higher Education, vol. 59, 1105–1132.

Woodhams, Carol /Trojanowski, Grzegorz / Wilkinson, Krystal 2022: Merit Sticks to Men: Gender Pay Gaps and (In)equality at UK Russell Group Universities. Sex Roles, vol. 86, no. 9, 544–558.

Würth, Stephanie / Brunner, Romaine /Gorin, Simon 2024: Vielfältige Karrieren von Postdoktorierenden: Herausforderungen und Chancen. https://data.snf.ch/stories/ctc-18-postdoc-karrieren-de.html, letzter Aufruf am 1. August 2025.

Zhu, Yanhan 2013: A Review of Job Satisfaction. Asian Social Science, vol. 9, no. 1, 293.

Zukünfte der Gesellschaft

Themenpapier zum 43. Kongress der Deutschen Gesellschaft für Soziologie an der Johannes Gutenberg-Universität (JGU) Mainz, 28. September bis 2. Oktober 2026

Die Gegenwart der Zukunft

Der 43. Kongress der Deutschen Gesellschaft für Soziologie widmet sich den *Zukünften der Gesellschaft*. In einer Zeit tiefgreifender globaler Transformationen – von der Klimakrise über Kriege, den Anstieg des Autoritarismus, den soziodemografischen Wandel bis hin zum zunehmenden Einsatz Künstlicher Intelligenz in vielen Lebensbereichen – stellt sich die Frage nach denkbaren, erwünschten und gefürchteten Zukünften drängender denn je.

Spätestens seit der Neuzeit, der »Sattelzeit« (Koselleck), veränderte sich die Wahrnehmung von Vergangenheit, Gegenwart und Zukunft – das noch Kommende wurde für die Gesellschaft zur Herausforderung und zum Rätsel. Bilder einer besseren Zukunft und Katastrophenszenarien haben soziale Ordnungen immer wieder infrage gestellt und Impulse für Wandel geliefert. Gleichzeitig schaffen Bilder der Zukunft Ordnungen und können stabilisierend wirken. Als Signum moderner Gesellschaften gilt, dass Zukunft als offen und gestaltbar erfahren wird. Sie wird zum Bezugspunkt temporaler Orientierung und tritt in Konkurrenz zu Konzepten wie Tradition, Schicksal oder Ewigkeit. Mit *Zukünften der Gesellschaft* adressiert der Kongress daher nicht einfach Chronologien von Ereignissen, sondern die sozialen Prozesse, durch die Zukunft generiert und sozial wirkmächtig wird: Welche Zukünfte sind denkbar? Wer entwirft, verhandelt oder kontrolliert sie? Unter welchen Bedingungen werden sie wirkmächtig? Zwar bleibt der epistemologische Zugriff auf Zukunft begrenzt – sie ist nicht beobachtbar, sondern antizipiert –, gleichwohl ›passiert‹ sie nicht einfach. Sie wird imaginiert, geplant und gestaltet. Utopien, Dystopien, wissenschaftliche Prognosen oder politische Szenarien entstehen dabei nie im luftleeren Raum: Sie verarbeiten vergangene Erfahrungen, reagieren auf gegenwärtige Krisen und werden durch historische wie aktuelle Deutungsmuster geprägt. Während etwa technologische Visionen einerseits oft positive Zukunftsbilder prägen, scheint der Zukunftsoptimismus angesichts globaler Krisen zu schwinden: Die Zukunft wird zum Angstraum, der

Status erscheint als bedrohte Normalität. Der Kongress thematisiert Zukunft deshalb im Plural – als *Zukünfte* der Gesellschaft – um die Vielfalt, Gleichzeitigkeit und Konflikthaftigkeit möglicher Zukünfte in den Blick zu nehmen.

Das Kongressthema rückt die soziologische Reflexion über Zukünfte der Gesellschaft erneut in den Fokus. Es zielt darauf, die Soziologie als Zukunftswissenschaft in doppelter Hinsicht zu aktivieren: als Disziplin, die Zukunft als Gegenstand empirisch und theoretisch untersucht, und als Fach, das selbst zukünftige Entwicklungen imaginiert, prognostiziert und modelliert. Dass die Soziologie immer auch eine solche Zukunftswissenschaft war, zeigt beispielhaft der Soziologiekongress von 1926, auf dem vor genau einhundert Jahren die Zukunft der Demokratie verhandelt wurde. Der Kongress lädt dazu ein, die Soziologie nicht nur als beschreibende und analysierende Disziplin zu begreifen, sondern auch als eine, die Perspektiven auf alternative Entwicklungen und Utopien eröffnen kann.

Die Zukünfte der Gesellschaft als Gegenstand soziologischer Forschung

1. Perspektiven auf Zukünfte

Soziologisch scheint klar: Zukünfte kommen in der Gegenwartsgesellschaft immer im Plural vor. Das schließt nicht aus, dass auch Singularisierungen (»There is no alternative«) gesellschaftlich wirksam werden. Der Kongress will dieser Vielfalt gerecht werden und die unterschiedlichen Perspektivierungen, Bedeutungen und Deutungsmuster von Zukünften sichtbar machen:

1. Welche *Themen und Inhalte* werden als Zukünfte verhandelt, und wie werden sie dargestellt, verknüpft und bewertet? Wann, wie und für wen erscheint eine Zukunft als attraktive Utopie und Vision, wann als dystopisches Schreckens- und Katastrophenszenario? Welche Konzepte von Zukunft – etwa vom »guten Leben«, Gerechtigkeit oder Befreiung – prägen soziologische, feministische und herrschaftskritische Perspektiven? Welche Funktion übernehmen Utopien und Dystopien als Denkfiguren gesellschaftlicher Kritik?
2. Zukünfte kommen in verschiedenen kommunikativen *Formen und Gattungen* vor, sie erscheinen etwa als wissenschaftliche Prognosen, sozio-technische Simulations-Szenarien, ökonomische Versprechungen, künstlerische Projektionen, religiöse Prophezeiungen, Forderungen sozialer Bewegungen oder politische Pläne.

3. Zukünfte werden wirkmächtig, wenn sie gesellschaftlich zirkulieren. Der Kongress fragt daher nach den *Medien, Praktiken und kommunikativen Formen*, durch die Zukünfte gezeigt, erzählt und vermittelt werden. Welche Rolle spielen dabei Artefakte, Infrastrukturen, institutionelle Prozesse ebenso wie informelle Erzählungen – etwa in Familien, Wahlverwandtschaften oder durch Oral History? Wie werden Zukunftsentwürfe in kleinen Gemeinschaften imaginiert und weitergegeben, und mit welchen Effekten realisieren sie sich diskursiv?
4. Manche Zukünfte bleiben Gedankenexperimente, andere streben Verwirklichung an. Um ihre *Durchsetzung* wird gestritten. Ihre Realisierung ist kein Zufall, sondern Ergebnis von Gestaltung. Wie werden bestimmte Zukünfte praktisch verwahrscheinlicht oder narrativ plausibilisiert? Auf welche Weise werden alternative Entwürfe delegitimiert, etwa durch die Aufwertung von Vergangenheit oder Gegenwart?
5. In der Zirkulation und Wirkmächtigkeit von Zukunft kommen auch *soziale Ungleichheiten* zum Ausdruck. Um wessen Zukunft geht es – und wer erscheint zukunftslos? Welche Zukunftsvorstellungen finden Beachtung, welche bleiben unsichtbar oder ausgeschlossen? Zukunftsentwürfe verlaufen entlang sozialer Differenzachsen wie etwa Alter, Gender, Behinderung, Herkunft, *race* oder Klasse. Ressourcen, Deutungsmacht und Handlungsspielräume in Bezug auf Zukunft sind ungleich verteilt. Eine soziologische Analyse muss diese Machtasymmetrien mitdenken – auch jenseits kategorialer Gruppenbegriffe, etwa als Prozesse von Sichtbarmachung, Teilhabe und Ausschluss. Wie erlangen oder verlieren bestimmte Akteure Macht über die kollektive Imagination des Kommenden? Was bedeutet Zukunft als politischer Gegenstand im Kontext aktueller Konflikte zwischen Demokratie und Autoritarismus?
6. Schließlich richtet sich der Blick auf die *Zukunftsfähigkeit* gegenwärtiger Gesellschaften. Wie lässt sich der Bann kurzfristiger Erwägungen durchbrechen, um sich auf existenzielle Herausforderungen einzustellen? Wie kann eine Politik der Langfristigkeit angesichts kurzer Politikzyklen gelingen? Wie wappnen sich etwa Städte für den Klimawandel, wie wird mit demografischen Verschiebungen umgegangen? Welche Strategien der Resilienzbildung entstehen? Und wie lässt sich aus historischen Perspektiven auf die Zukunft lernen?
7. Doch was genau heißt es, dass Zukünfte ›im *Plural* auftreten‹? Geht es um eine Vielfalt möglicher und imaginierter Entwürfe, oder gibt es letztlich nur eine einzige, real eintretende Zukunft, die zur Gegenwart von morgen

wird? Inwiefern sind soziologische Analysen gefordert, zwischen objektiven Zukunftsereignissen und deren gegenwärtigen Projektionen zu differenzieren? Und welche methodischen Herausforderungen ergeben sich daraus für eine Soziologie der Zukunft?

Der Kongress nimmt diese Fragen auf und lädt dazu ein, aus unterschiedlichen theoretischen, methodischen und empirischen Perspektiven zu diskutieren, wie *Zukünfte der Gesellschaft* als analytische Kategorie für die Soziologie fruchtbar gemacht werden können.

2. Zukünfte auf der Makro-, Meso- und Mikroebene

Zukünfte werden auf unterschiedlichen Maßstabsebenen entworfen, verhandelt und erlebt – von supranationalen Zusammenhängen bis hin zu alltäglichen individuellen Entscheidungen. Dazwischen liegen weitere soziologisch adressierbare Analyseebenen wie soziale Milieus, Klassen oder Generationen, die mit je eigenen Zukunftserwartungen, Hoffnungen und Risiken umgehen – etwa bezogen auf sozialen Aufstieg oder Sorgen um drohenden Abstieg und existenzielle Risiken. Diese Ebenen können je spezifisch, aber auch in wechselseitiger Beziehung zueinander betrachtet werden: Wie lassen sich die Dynamiken und Wechselwirkungen zwischen diesen Ebenen soziologisch erfassen?

Makroebene. Auf der Makroebene geht es um großflächige gesellschaftliche Dynamiken: Dazu zählen (1) politische und ökonomische Umbrüche, militärische Konflikte und Bedrohungen des Friedens, (2) ökologische und technologische Herausforderungen wie Klimawandel, Ressourcenverknappung und technologische Umbrüche, (3) demografische und soziale Entwicklungen wie Alterung, sich wandelnde Migrationsgesellschaften, Care-Krisen und wachsende Ungleichheiten sowie (4) ideologische Verschiebungen durch demokratische Erosion, neue Autoritarismen, Antifeminismus oder Angriffe auf Gleichstellungspolitiken. Zukünfte treffen in der Gegenwart auf eine multipel differenzierte Gesellschaft. Wie wirken geopolitische (Neu-)Ordnungen oder der Umgang mit planetaren Grenzen auf systemische Weichenstellungen von Zukunft? Welche Auswirkungen hat die »Zeitenwende« für gesellschaftliche Entwicklungspfade? Welche strukturellen Systemeffekte haben weitreichende Entwicklungen wie Digitalisierung oder KI – nicht nur für zukünftige Formen des Zusammenlebens, sondern auch für den aktuellen Zugriff auf Zukunft?

Mesoebene. Auf der Mesoebene stehen Institutionen und kollektive Akteure – Organisationen, Netzwerke, Initiativen – als Mittler von Zukünften im Fokus. Sie fungieren als »Verteilerköpfe«, die Ideen aus Nischen hervorholen und komplexe Pläne operationalisieren. Wie wird Zukunft in sozialstaatlichen Institutionen, Unternehmen oder der Zivilgesellschaft gestaltet und als Ressource genutzt? Wie kommt die Kontingenz der Zukunft in Bildungseinrichtungen vor, die doch gerade auf das Kommende vorbereiten? In welchen Bereichen (etwa Bildungspolitik, Energie- oder Gesundheitsversorgung) sind Aushandlungsprozesse besonders intensiv? Und inwiefern agieren Institutionen nicht nur als Mittler, sondern als Zukunfts-Entrepreneure, die gesellschaftliche Entwicklungen aktiv steuern?

Mikroebene. Auf der Mikroebene wird analysiert, wie Zukünfte in sozialen Interaktionen, Biografien und subjektiven Wahrnehmungen erlebt und bearbeitet werden. Wie bewegen sich Individuen und Gruppen zwischen Unverfügbarkeit, Unsicherheit und Gestaltungsmacht? Welche Strategien entwickeln sie – etwa durch Lebensplanung, soziale Bewegungen oder technologische Selbstoptimierung? Wie prägen gesellschaftliche Umbrüche, prekäre Lagen oder Zukunftsoffenheit biografische Zeitstrukturen? Und wie verändern sich diese Zeitlichkeiten selbst im Zuge neuer gesellschaftlicher Dynamiken?

3. Zeitlichkeiten und Strukturlogiken von Zukunft

Soziologische Analysen der Zukunft müssen sich sowohl mit der Zeitlichkeit sozialer Prozesse als auch mit den ihnen innewohnenden strukturellen Logiken auseinandersetzen. Vorstellungen von Zukunft gewinnen in unterschiedlichen zeitlichen Maßstäben gesellschaftliche Relevanz: Der Übergang vom Paar zur Familie, von Krieg zu Frieden oder von der planetaren Krise zum »postplanetaren Zeitalter« wird je unterschiedlich imaginiert. Auch konkrete Jahreszahlen wie 2030, 2038 oder 2045 verleihen bestimmten Zukunftserwartungen symbolisches Gewicht. Gesellschaftliche Zukünfte folgen dabei nicht einfach einer linearen Fortsetzung der Gegenwart, sondern unterliegen vielfältigen Rhythmen, Beschleunigungen und Verlangsamungen. Diese Ungleichzeitigkeit erzeugt Spannungen – etwa zwischen technologischer Innovation und sozialer Regulierung oder zwischen Generationen mit unterschiedlichen Erwartungshorizonten. Zugleich folgen Zukünfte unterschiedlichen Logiken: Sie können als gerichtet oder kontingent, regelhaft oder erratisch gedacht werden.

Die Soziologie verfügt über ein differenziertes Instrumentarium zur Analyse der Temporalität von Zukunft – arbeitet dabei aber selbst mit unterschiedlichen Zeitlogiken. Zeit wird nicht als neutrale Hintergrundgröße verstanden, sondern als gesellschaftlich strukturierte Form: als Medium zur Reduktion von Komplexität (Luhmann), als Ergebnis planerischer Praktiken (Brose) oder als Pluralität sich überlagernder sozialer Zeiten (Gurvitch). Zeitdiagnosen – als Genre der Gegenwartsanalyse, das Trends identifiziert und in die Zukunft projiziert – konstruieren dabei eigene Zeitlogiken, indem sie Entwicklungen extrapolieren und Wendepunkte markieren. Ihre Prognosekraft wurde wiederholt kritisch hinterfragt, etwa in der KZfSS-Studie von 1998, die zeigte, dass viele Zeitdiagnosen der 60er bis 80er Jahre sich als trügerisch erwiesen. Die Rekonstruktion solcher »Zukünfte von gestern« erlaubt einen geschichtssoziologischen Blick auf Zeitdiagnosen als Momentaufnahmen gesellschaftlicher Deutung. Der Kongress lädt ein, diese zeitlichen Logiken sozialer Wandlungsprozesse und ihre Rolle in der Konstruktion von Zukunft systematisch zu reflektieren.

Welche Temporalitäten sind mit Zukunft verbunden? Soziologische Ansätze wie Luhmanns Konzept der kontingenten Möglichkeit oder Kosellecks Unterscheidung von Erfahrungsraum und Erwartungshorizont verdeutlichen: Zukunft ist nicht gegeben, sondern entsteht relational zwischen verschiedenen Zeiten. Zugleich wirken Zukunftsvorhersagen ins Heute zurück – als narrative Konstruktionen, die bestimmte Zukünfte plausibel machen und Handlungen orientieren. Welche Vergangenheiten der Zukunft wirken fort, welche sind obsolet, welche kehren in neuer Gestalt zurück? Und unter welchen disziplinären Bedingungen konnten bestimmte Zukunftsvorstellungen überhaupt entstehen?

Wie können die zeitlichen Logiken von Zukunft analytisch gefasst werden? Zukunft kann als abrupter Bruch (»Zeitenwende«), als graduelle Entwicklung (»Neoliberalisierung der Hochschule«), als schleppender Prozess (»geschlechtergerechte Gesellschaft«) oder als zirkuläre Dynamik (Kapitalismuskonjunkturen) erscheinen. Solche Zeitlichkeiten erfordern spezifische soziologische Konzepte, Kategorien und Beschreibungen – die selbst oft implizite Zeitvorstellungen mitführen. Während Modernisierungstheorien etwa von gerichteten, strukturell angelegten Veränderungsprozessen ausgehen, rücken Pfadabhängigkeitsmodelle die Bedeutung historischer Entscheidungspunkte in den Fokus, und Theorien sozialer Evolution fragen nach Mustern von Stabilität und Wandel in langfristigen Transformationsprozessen. Welche weiterentwickelten oder neuen Perspektiven braucht es angesichts gegenwärtiger gesellschaftlicher Zukunftsszenarien?

Wie unterscheiden sich die Zeitregime verschiedener gesellschaftlicher Teilbereiche? Wirtschaft und Technologie folgen oft Beschleunigungslogiken, während soziale Institutionen, Normen und kulturelle Deutungen anderen Zeitlichkeiten unterliegen. Hinkt das Recht gesellschaftlichen Entwicklungen hinterher – oder kann Regulierung Innovation fördern? Beschleunigen Social Media politische Prozesse, oder verlangsamen politische Entscheidungen mediale Dynamiken? Und wie lassen sich die Takte verschiedener Gesellschaftsbereiche synchronisieren?

Wie verändern und wandeln sich Zukünfte? Was sind ihre Konjunkturen? Unter welchen Bedingungen gewinnen sie an Aufmerksamkeit, wann gehen sie unter? Was bestimmt die Zukunftszugewandtheit oder -ignoranz von Gesellschaften?

4. *Narrative, diskursive Rahmungen und Deutungshoheiten*

Die Art und Weise, wie Zukunft erzählt und symbolisch aufgeladen wird, prägt gesellschaftliche Erwartungen und Handlungsspielräume. Zukunftsvorstellungen entstehen nie im luftleeren Raum, sondern sind in soziale Strukturen, normative Ordnungen und politische Machtverhältnisse eingebettet. In spätmodernen Gesellschaften koexistieren große Meta-Erzählungen mit lokalen, spezialisierten Narrativen, die beeinflussen, wie Zukunft verstanden und kommuniziert wird. Zukunft ist dabei nicht nur Prognose oder Plan, sondern ein Aushandlungsfeld sozialer Interessen – ein symbolischer Ort, an dem Macht, Konflikt und Dissens sichtbar werden. Kritische Perspektiven, insbesondere feministische und postkoloniale Theorien, fragen danach, wer an der Gestaltung von Zukunft beteiligt ist – und wer ausgeschlossen bleibt. Narrative Strukturen und diskursive Rahmungen gilt es soziologisch zu analysieren – auch in ihrer Positionalität – und auf ihre Bedeutung für gegenwärtige Entwicklungen zu befragen.

Wie wird Zukunft in unterschiedlichen Kontexten beschrieben und bewertet? Historische und wissenssoziologische Perspektiven zeigen, dass Zukunftsvorstellungen kulturell variieren und standortgebunden sind (Mannheim). Sie sind geprägt von sozialen Institutionen, politischen Programmen und wirtschaftlichen Interessen. Zukunftsdiskurse sind nie neutral: Sie spiegeln bestehende Machtverhältnisse wider und sind in normative Ordnungen und politische Dynamiken eingebettet. Welche Akteur:innen setzen die Deutungsmuster durch, die den Blick auf das Kommende prägen?

Welche affektiven Gehalte und normativen Deutungen spielen eine Rolle? Diskursanalytische Ansätze machen sichtbar, wie Zukunftsnarrative Hoffnungen und Ängste, moralische Imperative und normative Setzungen transportieren – und dabei affektive Mobilisierung erzeugen. Besonders deutlich wird dies in aktuellen Debatten über Klimawandel, technologische Innovationen oder wirtschaftliche Transformationen: Hier konkurrieren verschiedene Akteur:innen um Deutungsmacht, entwerfen alternative Zukunftsbilder, popularisieren und normalisieren sie, um sie durchzusetzen. Wie formen emotionale und moralische Bewertungen gesellschaftliche Zukunftsvorstellungen?

Welche Beziehungen bestehen zwischen wissenschaftlichen, politischen und populärkulturellen Zukünften? Soziologische Perspektiven auf Medien- und Technologiediskurse zeigen, dass Zukunft nicht allein durch Expertise, sondern maßgeblich durch medial vermittelte Narrative geprägt wird. Ob in wirtschaftlichen Prognosen, politischen Szenarien wie der 18-Uhr-Hochrechnung oder technologischen Prototypen: Zukunft erscheint als soziale Konstruktion, tief eingebettet in bestehende Machtverhältnisse. Zugleich stellt sich die Frage nach der sozialen Reichweite solcher Narrative: Welche Zukünfte erreichen wen, durch welche Kanäle, mit welchen Effekten? Und wie unterscheiden sich wissenschaftliche Szenarien von populären Visionen in Literatur, Film oder Werbung in ihren Annahmen, ihren Adressierungen, ihrer Wirkmacht?

Wie werden Zukünfte durch Sprache und Metaphern konstruiert? Soziolinguistische und literatursoziologische Zugänge ermöglichen eine Untersuchung der sprachlichen Mechanismen, durch die Zukünfte entstehen. Welche Diskurse, Normen und Machtverhältnisse strukturieren die Aushandlung von Zukunft? Welche Begriffe dominieren Debatten um wünschenswerte oder bedrohliche Zukunftsszenarien?

Phänomenbereiche soziologischer Zukunftsforschung

Der Kongress eröffnet einen Raum für die vielfältige Auseinandersetzung mit gesellschaftlichen Zukünften – sowohl aus empirischer als auch aus theoretischer Perspektive. Die Erforschung von Zukunft folgt keiner einheitlichen Ordnung, sondern bildet ein vielgestaltiges Feld mit unterschiedlichen Gegenständen, Begriffen und methodischen Zugängen. Um diese Auseinandersetzung haben sich nicht nur wissenschaftliche Diskurse, sondern ganze gesellschaftliche Praxiskontexte und Zukunftsindustrien entwickelt. Die Forschung zu Zukünften umfasst dabei sowohl die Analyse konkreter Phänomene als auch die Reflexion über Zeit und Temporalität. Während empirische Studien untersuchen, wie Prognosen erstellt, Szenarien entworfen oder Technologien als zukunftsgestaltend verhandelt werden, fragt die theoretische Soziologie nach Zeitregimen, Temporalitäten und Zukunftssemantiken. Theorie ist dabei nicht bloß heuristisches Werkzeug, sondern entwickelt eigenständige Perspektiven auf das Verhältnis von Gesellschaft und Zukunft. Sie interessiert sich für die Logiken, Paradoxien und Konflikte, die Zukunft als gesellschaftliche Kategorie strukturieren. Welche theoretischen Konzepte braucht eine Soziologie der Zukunft? Und wie lassen sich empirische und theoretische Ansätze produktiv aufeinander beziehen, um ein umfassenderes Verständnis gesellschaftlicher Zukünfte zu gewinnen?

Die folgende Auflistung möglicher Phänomenbereiche versteht sich vor diesem Hintergrund nicht als abschließende Systematik, sondern als eine offene Sammlung von Themen und Bereichen, in denen *Zukünfte der Gesellschaft* inszeniert, konstruiert und wirksam werden. Sie umfasst gesellschaftliche Felder, in denen Zukunft verhandelt wird, sowie mögliche Gegenstände soziologischer Zukunftsforschung. Damit verweist diese heterogene Sammlung von Phänomenen sowohl auf gesellschaftliche Bereiche, die von zukunftsorientierten soziologischen Perspektiven profitieren können, als auch auf Prozesse, in denen Zukunft selbst zum Gegenstand soziologischer Analyse werden kann. Sie soll so Anknüpfungspunkte für vielfältige soziologische Perspektiven sowie die Diskussion und Weiterentwicklung soziologischer Zukunftsforschung bieten:

- *Politische und gesellschaftliche Ordnungen*: Krisen der Demokratie, autoritäre Dynamiken, neue Formen von Partizipation und Governance, globale Machtverschiebungen, Protest und Widerstand, Politikberatung sowie taktische Felder des gesellschaftlichen »Changemaking« und außenpolitische Zukunftsentwürfe
- *Technologische Entwicklungen*: Digitalisierung, Automatisierung und KI (generative und agentische Systeme, autonome maschinelle Entscheidungen, Robotik), neue Material- und Energietechnologien, Biotechnologien und Neurotechnologien, Quantenkommunikation, digitale Zwillinge, E-Democracy und digitale Selbstbestimmung, transhumanistische Visionen sowie Zukunftsentwürfe im Kontext von Prototypenentwicklung und Weltraumerschließung

- *Prävention, Prognostik und soziale Technologien der Zukunftssicherung*: Soziale Mechanismen und institutionalisierte Praktiken, die Zukunft verfügbar, kontrollierbar oder vermeintlich vorhersagbar machen sollen – von Gesundheitsprävention, psychologischer Diagnostik, Risikoeinschätzung im Strafvollzug, Versicherungslogiken, sozialstaatlicher Vorsorge, militärischer Gefahrenabwehr (zum Beispiel preemptive warfare), racial profiling bis hin zu agrarischen Zukunftstechniken wie der Vierfelderwirtschaft oder teleologischen (etwa religiösen oder ideologischen) Ordnungen
- *Arbeit und Wirtschaft*: Veränderungen durch Plattformökonomie, Digitalisierung der Arbeitswelt, Industrie 4.0, Prekarisierung und neue Erwerbsbiografien, demographische Verschiebungen, Wirtschafts- und Finanzkrisen, Bedingungsloses Grundeinkommen, alternative Wirtschaftsmodelle, 4-Tage-Woche-Diskurs, »Innovation« als Schlagwort und Leitlinie, die Zukunft der Gewerkschaften, Automatisierung in der Care-Arbeit, Zukunft als Ware, Wetten auf die Zukunft
- *Bevölkerungsentwicklung*: Alterung von Gesellschaften, Fachkräftemangel, Brain-Drain, transnationale Migration, Automatisierung in Dienstleistungsberufen, Generationenkonflikte, Familienmodelle, Gender Care Gap, politische Dynamiken, generationale Ordnung und generational strukturierte Ungleichheiten
- *Kulturelle und identitäre Dynamiken*: Geschlechterverhältnisse, postkoloniale Transformationen, neue Formen von Zugehörigkeit und Ausschluss, Humandifferenzierung, Migration und transnationale Netzwerke, Zukunftsvisionen von Familie und Reproduktion, Kinder als Minderheit, Queering von Zeitstrukturen
- *Körper und Reproduktion:* Kryotechnologien, Social Freezing, medizinische Pränataldiagnostik, Prepper-Praktiken, Modelle des Umgangs mit Hitzewellen und Luftverschmutzung, Umweltgifte und körperliche Naturen-Kulturen (PFAS in der Luft, Mikroplastik in der Nahrung, Nanoplastik in menschlichen Organen)
- *Ökologische Transformationen*: Klimakrise, nachhaltige Stadtentwicklung, neue Mobilitätskonzepte, Naturverhältnisse, Ökotourismus, Generationenwandel / Infragestellen der generationalen Ordnung, Neubewertung von Lebensstilen, Ressourcenkonflikte im Zusammenhang von geopolitischen und energiepolitischen Zukünften, planetare Grenzen, Geo-Engineering-Debatten, Klimafolgenmigration

- *Sozialpolitik und Bildung*: Wandel des Sozialstaats, Konzepte von Care-Arbeit und sozialer Absicherung, New Public Management, Zukunft von Bildung und Wissensproduktion, Universität und Hochschule, Zukunft der Altersvorsorge, Privatisierung und Kommerzialisierung von Bildung, Erziehung und Sozialisation als zukunftsgerichtete gesellschaftliche Praxis
- *Ungleichheit*: Ungleichheit perpetuierende Prognostik, Erwartbarkeit des Wachsens der Differenz zwischen oben und unten, Gleichheitsvorstellungen in Utopien und Semantiken, global ungleiche Betroffenheit von Krisen, ungleiche Bedingungen, sich überhaupt um (entferntere) Zukünfte zu kümmern
- Zukunftsforschung *selbst* als soziologischer Untersuchungsgegenstand.

Soziologie als Zukunftswissenschaft

1. Methodologische und methodische Herausforderungen soziologischer Zukunftswissenschaft

Die Zukunft ist per Definition nicht direkt beobachtbar – sie existiert nur insofern als empirische Gegebenheit, als sie als Projektion, Erwartung oder Möglichkeit beobachtbar oder wirksam wird. Diese grundlegende epistemologische Herausforderung stellt die Soziologie vor die Frage, wie sie wissenschaftlich fundiert über das Kommende als abwesend Anwesendes sprechen und wie sie die Offenheit, Kontingenz und Pluralität von Zukünften empirisch fassen kann. Während viele sozialwissenschaftliche Ansätze auf die Analyse vergangener und gegenwärtiger gesellschaftlicher Strukturen und Dynamiken ausgerichtet sind, stellt sich unter anderem die Frage, inwieweit die Untersuchung von Zukunftsprozessen eine Erweiterung des soziologischen methodischen Repertoires auch in Richtung einer Form soziologischer Zukunftsforschung erfordert, die sich stärker mit der Analyse der »Zukunft als Zukunft« befasst.

Besonders diskussionswürdig sind in diesem Zusammenhang Fortschritte in der computergestützten Modellierung gesellschaftlicher Prozesse. In Disziplinen wie Physik oder Data Science haben sich leistungsfähige Simulationsverfahren etabliert – etwa für Verkehrssteuerung, Klimamodellierung oder Pandemieverläufe. Auffällig ist, dass soziologische Expertise dabei bislang kaum eine Rolle spielt, obwohl solche Modelle zunehmend politische Entscheidungen beeinflussen. Welche methodischen und epistemologischen Herausforderungen ergeben sich daraus für die Soziologie? Welche Strategien eignen sich grundsätzlich, um Zukunftsvorstellungen, -ängste und

-erwartungen empirisch zu erfassen? Und wie lassen sich Praktiken der Herstellung von Zukünften rekonstruieren?

Die Soziologie bringt eine große methodologische Vielfalt mit, die wichtige Impulse für Zukunftsstudien liefert. Qualitative Verfahren wie ethnografische Zukunftsrekonstruktionen, Diskursanalysen oder narrative Interviews erfassen Zukunftsvisionen, -ängste und -erwartungen von Akteur:innen. Zugleich ermöglichen Data Analytics, statistische Modellierungen, Trendanalysen oder dynamische Netzwerkanalysen die quantitative Analyse möglicher gesellschaftlicher Entwicklungen – auch im Sinne einer aktiven Produktion von Zukunft. Sozialsimulationen wie agentenbasierte Modelle erzeugen künstliche Sozialwelten mit interagierenden Agenten, um gesellschaftliche »Realexperimente« (Krohn) als Was-wäre-wenn-Szenarien zu simulieren. Das Thema Prognose gewinnt in den Sozialwissenschaften zunehmend an Bedeutung. Während die Soziologie traditionell auf Erklärung zielt, nehmen datengetriebene Vorhersageverfahren an Einfluss zu – etwa in den Computational Social Sciences, wo Prognosemodelle für gesellschaftliche Trends und individuelles Verhalten entstehen. Deren hohe Vorhersagegenauigkeit geht jedoch nicht immer mit theoretischer Tiefe einher. Welche Aussagekraft haben solche Prognosen? Sollte die Soziologie eigene Ansätze zur Vorhersage sozialer Dynamiken entwickeln? Und wie lässt sich durch die Verbindung von Theorie und Empirie das Potenzial des Faches für die Generierung von Zukunftswissen ausschöpfen?

Inwiefern könnten spekulative Methoden, experimentelle Ansätze oder interdisziplinäre Kooperationen mit Zukunftsforschung, Technology Assessment, Foresightstudien, Designwissenschaften oder literatursoziologische Bezüge eine soziologische Zukunftsforschung bereichern? Welche neuen methodologischen Debatten ergeben sich daraus für die Soziologie als Disziplin? Wie beeinflussen digitale Methoden und *computational social science* die Forschung über Zukunftsprozesse? Solche Fragestellungen eröffnen Raum für eine Reflexion über bestehende methodologische und methodische Werkzeuge der Zukunftsforschung sowie für die Entwicklung neuer Perspektiven, die die soziologische Forschungspraxis bereichern und weiterentwickeln können.

2. *Wie viel Zukunft braucht die Soziologie, welche Soziologie braucht die Zukunft?*

Der Kongress lädt schließlich dazu ein, die *Soziologie als Zukunftswissenschaft* in verschiedenen Hinsichten zu diskutieren:

Erstens als eine Wissenschaft, die sowohl die gesellschaftliche Produktion von Zukunft als auch die Zukunft von Gesellschaften erforscht. Soziologische Zukunftsforschung kann sich dabei auf Repräsentationen und Appräsentationen von Zukunft in der Gegenwart ebenso beziehen wie auf noch unbekannte Entwicklungen – und so selbst zur Zukunftsforschung »erster Ordnung« werden. Der Kongress lädt ein zu diskutieren, ob und inwieweit sich die Soziologie über die Beschreibung gegenwärtiger Prozesse hinausgehend verstärkt prognostischen Ansätzen widmen kann und sollte. Kann und sollte sie etwa – wie Ökonomie oder Klimawissenschaften – Modelle entwickeln, um gesellschaftliche Entwicklungen auch vorausschauend zu gestalten? Welche Herausforderungen stellt das an das Fach? Zugleich ist zu fragen, welche Rolle die Soziologie selbst bei der Gestaltung gesellschaftlicher Zukünfte spielt – indem sie mit ihren Begriffen, Methoden und Modellen Wissen bereitstellt, das gesellschaftliche Prozesse beeinflusst. Inwiefern prägen Krisendiagnosen und Unsicherheitsnarrative das Denken und Regulieren von Zukunft? Welche Rolle spielen soziologische Prognosen in politischen Entscheidungsprozessen?

Zweitens soll der Kongress ein Forum bieten, um zu diskutieren, wie sich die Soziologie als Disziplin in der Zukunft verändern wird. Die Grenzverläufe innerhalb des Fachs, aber auch die Grenzverschiebungen um die Disziplin herum stehen dabei im Fokus. Bereits in den 1970er Jahren wurden unter dem Begriff einer »Sociology of the Future« (etwa bei Bell) programmatische Vorschläge entwickelt, um Zukünfte systematisch zum Gegenstand soziologischer Forschung zu machen – ebenso wie in interdisziplinären Vorhaben der Futurologie. Diese frühen Impulse wurden im Fach jedoch kaum institutionell verankert. Fragen nach Zukunft wurden vielfach an benachbarte Felder delegiert. Heute ist die Soziologie zunehmend (wieder) als Partnerin in interdisziplinären Zusammenhängen gefragt, sei es in der Technikforschung, der Nachhaltigkeitswissenschaft oder der Demografie. Wie sieht das zukünftige Boundary Work (Gieryn) aus, mit dem sich die Soziologie gegenüber anderen Disziplinen und gesellschaftlichen Anforderungen positioniert? Welche Implikationen hat dies für das Selbstverständnis des Fachs?

Drittens richtet sich der Blick auf die Zukunft der Soziologie als Frage nach jenen Kommiliton:innen und Kolleg:innen, die das Fach künftig vertreten: Wie verändern sich Karrierewege, Qualifikationsanforderungen und institutionelle Rahmenbedingungen für Studierende und Forschende in frühen Karrierephasen? Der Kongress soll auch hierfür ein Forum bieten – und Perspektiven sowie Herausforderungen des wissenschaftlichen Nachwuchses sichtbar machen. Wie kann und sollte sich die Soziologie weiterentwickeln, um auch in der Gesellschaft Relevanz beanspruchen zu können, in der die Schüler:innen und Studierenden von heute morgen forschen?

Mainz als Gastgeberstadt und Inspirationsraum

Mainz bietet eine symbolisch aufgeladene Kulisse für die Auseinandersetzung mit gesellschaftlichen Zukünften. Als eine der ältesten Städte Deutschlands verbindet es Vergangenheit und Zukunft auf besondere Weise: Archäologische Zeugnisse machen historische Kontinuitäten sichtbar, während Wissenschaft, Wirtschaft, Medien und Stadtentwicklung neue Pfade eröffnen. Seit Jahrhunderten steht Mainz für Innovation – von Gutenbergs Buchdruck, der Wissenstransfer und gesellschaftlichen Wandel prägte, über die Mainzer Republik als frühen demokratischen Modellversuch bis hin zu aktuellen biotechnologischen Durchbrüchen. Diese Verbindung von historischem Innovationsgeist und zukunftsweisender Forschung macht Mainz zum idealen Ort für eine soziologische Reflexion über die Gestaltung von Zukünften. Der Kongress nutzt Mainz als Inspirationsraum, um soziologische Perspektiven auf zentrale Fragen der Gegenwart zu entfalten.

Widerspruch der Deutschen Gesellschaft für Soziologie (DGS) gegen den Ausschluss der Israelischen Soziologischen Gesellschaft (ISS) aus der International Sociological Association (ISA)

Die International Sociological Association (ISA) hat am 29. Juni 2025 erklärt,[1] die kollektive Mitgliedschaft der Israelischen Gesellschaft für Soziologie (ISS) auszusetzen und diese Entscheidung im Nachgang noch einmal bekräftigt.[2] Die Deutsche Gesellschaft für Soziologie (DGS) lehnt diese Entscheidung der ISA ausdrücklich ab.

Als Grund für die Aussetzung der Mitgliedschaft führt die ISA an, die ISS »has not taken a clear position condemning the dramatic situation in Gaza«. Aus Sicht des Vorstands der DGS ist es nicht mit den Grundsätzen einer internationalen Wissenschaftsgemeinschaft, wie die ISA sie für sich beansprucht, vereinbar, von der israelischen soziologischen Fachgesellschaft eine bestimmte Form der Distanzierung von Kriegshandlungen zu verlangen oder sie für Handlungen der Regierung ihres Landes in Haftung zu nehmen. Eine solche Forderung hat eine diskriminierende Wirkung und unterminiert das Prinzip wissenschaftlicher Kooperation auf Augenhöhe. Sie maßt sich zudem an, von außen entscheiden zu können, welche Formen des Protests unter bestimmten Bedingungen die richtigen und möglichen sind. Bei der Suspendierung werden dabei im Umgang mit der israelischen Fachgesellschaft strengere Kriterien angelegt als an Fachgesellschaften anderer Länder.

Die ISS hat mit einem eigenen Statement auf den Ausschluss reagiert. Darin heißt es: »We share the deep concern and anguish over the horrifying scale of destruction, death, and human suffering inflicted upon the people of Gaza by the Israeli government. We also share the hope for an end to the violence and war, for an agreement that will secure the release of all Israeli hostages, and for a just political solution to the Israeli-Palestinian conflict.«

Die DGS schließt sich der Einschätzung der ISS an, dass eine Suspendierung auch Orte der Kritik und der Wissenschaftsfreiheit in Israel massiv schwächt. Soziologische Forschung sollte gerade in Zeiten von bewaffneten Konflikten, Autoritarismus sowie wachsendem Antisemitismus und Rassismus durch Zusammenarbeit gefördert werden, anstatt diese zu unterbinden.

1 Ursprüngliches Statement nicht mehr online

2 ISA Executive Committee Decision on the Israeli Sociological Society, adopted on June 29, 2025. https://www.isa-sociology.org/en/about-isa/isa-human-rights-committee/ec-decision-israeli-sociological-society, letzter Aufruf am 1. August 2025.

Der Boykott von Institutionen setzt sich im Boykott von Personen fort, viele israelische Wissenschaftler:innen erfahren dies derzeit verstärkt. Solidarität darf sich jedoch nicht auf Einzelpersonen beschränken, sondern muss auch die Fachgesellschaften einschließen, denen sie angehören und von denen sie in internationalen Assoziationen repräsentiert werden. Die DGS tritt entschieden für einen offenen Diskurs ein und für Solidarität mit den israelischen und palästinensischen Kolleg:innen sowie mit Soziolog:innen unter repressiven und kriegerischen Bedingungen weltweit. Die Suspendierung der ISS durch die ISA untergräbt das grundlegende Prinzip wissenschaftlicher Solidarität und setzt ein problematisches Signal, indem sie wissenschaftliche Organisationen unter politischem Druck isoliert, anstatt sie zu schützen.

Der Vorstand der DGS Essen, 7. Juli 2025

Aus der Vorstandsarbeit

Liebe Mitglieder der Deutschen Gesellschaft für Soziologie,

während wir noch mitten in den Vorbereitungen für den Duisburger Kongress stecken, wirft bereits das nächste Großvorhaben in Mainz seine Schatten voraus: Vom 28. September bis zum 2. Oktober 2026 laden wir Sie herzlich ein, an der Johannes-Gutenberg-Universität gemeinsam über *Zukünfte der Gesellschaft* zu diskutieren (das Themenpapier dazu finden Sie ab Seite 499). Anschließend kehren wir zum gewohnten zweijährigen Rhythmus zurück – der nächste Kongress nach Mainz wird 2028 stattfinden. Wir danken noch einmal allen, die den Duisburger Kongress möglich gemacht haben – allen voran Helen Baykara-Krumme und Anne Walter mit ihrem Kongress- und Organisationsteam, der DGS-Geschäftsstelle, Diana Lengersdorf (Ressort *Kongresse*) sowie den zahlreichen Helfer:innen vor Ort.

Aus dem Ressort *Forschung* im DGS-Vorstand ist zu berichten, dass die DFG eine vierte Förderphase des Fachinformationsdiensts Soziologie bewilligt hat, woran auch das Portal Sociohub hängt, das für viele Sektionen sehr wichtig ist – vor allem für die Mitgliederkommunikation.

Der Ausschuss *Partizipation und Barrierefreiheit* wurde bereits von Tobias Boll aus dem letzten Vorstand initiiert. Diese Arbeit weiterführend und in enger Kooperation mit dem Organisationsteam Duisburg, insbesondere Anne Walter, versucht der Ausschuss, die zukünftigen Kongresse, aber auch die DGS als Organisation barriereärmer zu gestalten. Über Interesse an einer Mitarbeit würden wir uns sehr freuen. Auf der Sonderveranstaltung beim DGS-Kongress »Transition zur ›Hochschule für Alle‹? Diversity, Gleichstellung und Inklusion in Wissenschaft und Hochschule zwischen Partizipation und Regression« stehen wir als Ansprechpartner:innen zur Verfügung.

Aus dem Ressort *Beschäftigungsverhältnisse* und dem Ausschuss *Soziologie als Beruf* ist zu berichten, dass von Seiten der Bundesregierung erst im kommenden Jahr wieder eine Initiative zur Novellierung des Wissenschaftszeitvertragsgesetzes erwartet wird. Wir beobachten entsprechende Aktivitäten und schalten uns gegebenenfalls erneut in die Auseinandersetzungen ein. Der Ausschuss *Soziologie als Beruf* wird auf dem Duisburger Kongress mit einer eigenen Veranstaltung zu den Auswirkungen von Digitalisierung und KI auf das soziologische Arbeiten in Lehre und Forschung präsent sein. Vertreter:innen aus dem wissenschaftlichen Mittelbau organisieren die Mittelbauversammlung und laden zu einer Diskussion über Arbeitsbedingungen und aktuelle Herausforderungen ein.

Aus dem Ressort *Internationales* können wir berichten, dass viele DGS-Mitglieder sich aktiv am ISA Forum in Rabat / Marokko beteiligt haben, das leider von der Suspension der Israeli Sociological Society (ISS) überschattet war. Wir haben dazu einen Protestbrief verfasst (Seite 513 f.). Wir hoffen sehr, dass sich auch andere nationale Assoziationen kritisch äußern und darüber Bewegung in die Haltung der ISA kommt. Bereits geschehen ist dies von Seiten der Österreichischen Gesellschaft für Soziologie. Wir haben auf unsere Stellungnahme hin viel Zustimmung, aber auch einige kritische Rückmeldungen von Seiten unserer Mitglieder bekommen, die zeigen, wie sehr die Situation in Israel seit dem Massaker der Hamas und der katastrophale Krieg in Gaza viele von uns umtreiben, unseren politisch-moralischen Kompass irritiert haben und unser soziologisches Nachdenken herausfordern. Wir werden uns mit diesem Thema bei einer Sonderveranstaltung in Mainz näher beschäftigen.

Darüber hinaus arbeiten wir an der Intensivierung der Zusammenarbeit mit israelischen Kolleg:innen, die vielfach Ausschluss und Boykott erleben, über eine Matching-Plattform für DGS- und ISS-Mitglieder, die sich gemeinsam an Projekteinreichungen, Publikationen oder anderen Formaten beteiligen möchten. Dies könnte als »Blaupause« für die Zusammenarbeit mit anderen soziologischen Fachgesellschaften dienen. Die DFG hat verschiedene Förderformate entwickelt, die zu Kooperationen einladen. Dies betrifft sowohl die Nahost-Kooperation insgesamt, als auch das Lead Agency-Verfahrens zwischen Israeli Science Foundation und DFG, bei dem explizit auf die Möglichkeit der Einbindung palästinensischer Wissenschaftler:innen hingewiesen wird.

Für das Ressort *Sektionen* kann von der letzten Versammlung der Sprecher:innen im Frühjahr von einer spannenden Diskussion über die Repräsentanz der quantitativen Forschung in den Gremien der DGS, inklusive der Sektions-Vorstände berichtet werden. Diese wird auf dem Kongress fortgeführt und auch auf der Mitgliederversammlung am Mittwoch noch einmal vorgestellt.

Schließlich hat ein Vernetzungstreffen der Sprecher:innen mehrerer Fachgesellschaften stattgefunden; solche Treffen soll es auch künftig geben. Die Themen öffentliche Stellungnahmen, Wissenschaftsfreiheit, Werturteilsfreiheit und politische Positionierung werden dabei auch in Zukunft eine Rolle spielen.

Herzliche Grüße, auch im Namen der Vorstandskolleginnen,
Monika Wohlrab-Sahr

Veränderungen in der Mitgliedschaft

Neue Mitglieder

Yannick Allgeier, Friedrichshafen
Dr. Monika Arnoštová, Duisburg
Natalie Backes, M.A., Mannheim
Prof. Dr. Karolina Barglowski, Esch-sur-Alzette
Sebastian Barth, M.A., Berlin
Gina Binder, Hannover
Tabea Bongert, M.A., Aachen
Ina Braune, M.A., Frankfurt am Main
Lena Braunisch, M.A., Köln
Dr. Lina Brink, Berlin
Karoline Bünker, Dresden
Melissa Büttner, M.A., Jena
Liubovi Colbasevici, M.A., Dortmund
Margherita Cusmano, M.A., Göttingen
Marius Dilling, M.A., Leipzig
Frauke Domgörgen, M.A., Bonn
Dipl.-Soz. Pauline Dunkel, Dresden
Dipl.-Soz. Thomas Eichhorn, München
Dr. des. Laura Eigenmann, Berlin
Hendrik Erz, M.A., Norrköping
Gregor Fabian, Berlin
Dr. Marion Fischer-Neumann, Duisburg
Jeanette Franceux, M.A., Mainz
Luzie Gerstenhöfer, M.A., Jena
Dr. Kristina Göthling-Zimpel, Hamburg
Lukas Graf, M.A., Frankfurt am Main
Prof. Dr. Bettina Gransow, Berlin
Hanna Grauert, M.A., Konstanz
Tim Handick, M.A., Siegen
Mohammad Hassan Heidarian, M.A., Bielefeld
Andrea Heisse, M.A., Wien

Clara Holzinger, Wien
Dr. Bettina Hünteler, Köln
Lukas Hüppauff, M.A., Hamburg
Franziska Jahn, M.A., Nürnberg
Malte Janzing, M.A., Jena
Luisa Jürgens, M.A., Jena
Jonas Jutz, M.A., Friedrichshafen
Nevien Kerk, M.A., München
Dr. Maren Kirchhoff, Kassel
Prof. Dr. Heiko Kleve, Witten
Petra Klug, Berlin
Dr. Markus Kluge, Münster
Sebastian Koch, M.A., Konstanz
Florian König, Bremen
Insa Kriwall, M.Sc., Hannover
Sophie Krone, M.A., Oldenburg
Dr. Angelika Laumer, Eichstätt
Eric Llaveria Caselles, M.A., Berlin
Teresa Löckmann, M.A., Potsdam
Laura Lüchtefeld, M.A., Hannover
Dr. Gabriel Malli, Graz
Leopold Meinert, M.A., Berlin
Dr. Janet Merkel, Berlin
Dr. Nicolai Netz, Hannover
Jan Nguyen, M.A., Bochum
Iris Nowak, Dipl. Sozök., Hamburg
Raoul Nozon, M.A., Jena
Simon Pohl, M.A., Berlin
Nadja Puschke-Kubica, M.A., Bonn
Romy Rasper, M.A., Bietigheim-Bissingen
Nils Richterich, M.A., Frankfurt am Main
Markus Riepenhausen, M.A., Osnabrück
Tassilo Rinecker, M.A., Münster
Dr. Manuel Rivera, Berlin
Laura Rogalski, M.A., Berlin
Maren Romstedt, M.A., Frankfurt (Oder)
Karl-Jakob Rother, M.A., Dortmund
David Samhammer, M.A., Hannover

Jan Schaller, M.A., Zittau
Dorothee Schielein, Hamburg
Sophie Schmäing, M.A., Berlin
Jasmin Schmidlin, M.A., Basel
Andreas Schmidt, M.A., Flensburg
Florian Schmidt, Hamburg
Lina Sofie Schöne, M.A., Jena
Paul R. Schreiber, M.A., Dortmund
Niklas Schulte, M.A., Kiel
Maria Schumacher, Münster
Sophia Segler, M.Ed., Osnabrück
Dana Tholen, M.A., Bochum
Prof. Dr. Christiane Thompson, Frankfurt am Main
Maximilian Tolkamp, M.Sc. Siegen
Dr. Noemi Trucco, Esch-sur-Alzette
Dr. Robert Vief, Frankfurt am Main
Jessica Wagner, M.A., Bielefeld
Dr. Anica Waldendorf, Oxford
Stephan Weihrauch, M.A., Magdeburg
Carolina Wienand, M.A., Karlsruhe
Julian Willming, MSc., Berlin
Frederic Wrage, M.A., Neuburg an der Donau
Carla Young, PhD , Hamburg
Dr. Nicolas Zehner, Berlin
Thore Zielke, M.A., Chemnitz
Lea P. Zierott, M.A., Hamburg
Franziska Zirker, M.A., Marburg

Neue studentische Mitglieder

Niklas Christ, Essen-Werden
Paul Diedrich, Jena
Serafin Eilmes, Bielefeld
Annika Exner, Bamberg
Konni Toni Fehse, Göttingen
Hannah-Lena Graw, Mainz

Daniel Grönefeld, Berlin
Lea Kirn, Hamburg
Nils Mühlenbrock, Aachen
Laura Pohl, Bamberg
Alexej Preißler, Jena
Julian Leon Richter, Halle (Saale)
Johanna Rükgauer, Berlin
Yannick Walter, Hamburg
Marlena Katharina Weiß, Frankfurt am Main

Austritte

Clara Arnold, M.A., Freiburg
Prof. Dr. Rolf Becker, Bern
Dr. Guido Blosfeld, Halle (Saale)
Prof. Dr. Thomas Brüsemeister, Gießen
Janis Evers, Marburg
Dr. Ulrike Franke, Tübingen
Sanna Frischknecht, M.A., Basel
Dr. Andreas Genoni, Wiesbaden
PD Dr. Bernhard Gill, München
Lena Sophia Gronbach, Kapstadt
PD Dr. Michael Hofmann, Jena
Dr. Kenneth Horvath, Luzern
Dr. Ina Jekeli, Haarlem
Dr. Sabrina Juran, New York
David Kempf, Eichstätt
Prof. Dr. Stefan Kirchner, Cottbus
Judith Klemenc, Innsbruck
Dr. Gerhard Klisserath, Berlin
Dr. phil. Björn Krey, Mainz
Dr. Sara Lafuente-Funes, Madrid
Dr. Stefan Laube, Linz
Alexander Lewecke, Ronnenberg
Benjamin Lipp, Reichertshausen
Prof. Dr. Jens Loenhoff, Essen
Theresa Muck, Mainz

Linda Nell, Göttingen
Dr. Nicolai Netz, Hannover
Dr. Debora Niermann, Konstanz
Dr. Anke Offerhaus, Bremen
Prof. Dr. Carsten Quesel, Windisch
Dr. Susanne Reisinger, Gießen
Leah Rollny, B.A., Gießen
Andree Scheller, Bremerhaven
Dr_in Andrea Silva-Tapia, Gießen
Antonia Steigerwald, M.A., Luzern
Dr. Jedrzej Sulmowski, Oldenburg
Dr. phil. Linda Supik, Frankfurt (Main)
Daniela Tieves-Sander, M.A., Sankt Augustin
Markus Wieck, Göttingen
Elke Wienhausen-Knezevic, Freiburg im Breisgau
Prof. Dr. Helmut Willems, Esch-sur-Alzette
Prof. Dr. habil. Sabine Zinn, Berlin

Verstorben

Dr. Leonie Breunung, Hannover

Sektion Kultursoziologie

Offene Sektionstagung am 26. und 27. Juni 2025 an der Bauhaus-Universität Weimar

Die diesjährige Jahrestagung der Sektion wurde von *Uta Karstein* (Leipzig) und *Andreas Ziemann* (Weimar) organisiert und bot ein Panorama der aktuellen Kultursoziologie – von dichten Einzelanalysen bis zu Theoriedebatten. Die Panels widmeten sich dabei vielfältigen Fragen rund um Gewohnheiten, Konfliktarenen, Populärkultur, (Selbst-)Reflexionen der Soziologie, Materialitäten sowie Sozialfiguren und Medien.

Im Auftaktpanel »Diesseits und Jenseits der Gewohnheiten« diskutierte *Leonhard Geffke* (Potsdam) in einem theorievergleichenden Zugriff, wie sich Gewohnheit im Spannungsfeld von Sozialkonstruktivismus und Praxeologie konzeptualisieren lässt. Während Berger und Luckmann den habituellen Vollzug über intersubjektive Verständigung, kognitive Strukturen und soziales Handeln fassten, betone Bourdieu die Disposition, die objektiv-subjektive Einschreibung von Herrschaft und das praktische Verhalten. Geffke zeigte, dass diese begriffliche Polarisierung divergente analytische Konsequenzen zeitigt. Anschließend widmete sich *Steven Sello* (Erfurt) der Lebensratgeberliteratur als Trägerin kultureller Sinnmuster. Auf Grundlage einer Grounded-Theory-Analyse rekonstruierte er zwei Modi des Lesens: die Übernahme von Handlungsmaximen und die Übernahme von Narrativen in die Selbsterzählung. Sello argumentierte, dass die normative Programmierung von Lebensführung nicht allein im Text liege, sondern erst in der Lektüre wirksam werde – ein Argument für eine leser*innenzentrierte Kultursoziologie. *Katharina Bock* (Nürnberg-Erlangen) näherte sich dem Phänomen der Escape Rooms als mimetisch intermediäre Erlebnisräume. In ihnen verschränken sich Spiel, Simulation und ästhetische Erfahrung zu eigensinnigen Kontexturen. Bock plädierte dafür, die kultursoziologische Analyse dieser Räume an ihrer performativen Eigentümlichkeit, ihrem Eigensinn und ihren Wertzuschreibungen zu orientieren.

Im Panel »Konfliktarenen und Plausibilitätsverluste« analysierte *Finn Langbein* (Marburg) die wissenschaftliche, expertokratische Praxis der Modellierung während der COVID-19-Pandemie. Er rekonstruierte, dass die damalige affektive Atmosphäre einerseits zu einem situationalen Heroismus führte, der mit einer beschleunigten Wissensproduktion einherging. Andererseits kam es aber auch zu Paranoia – verstanden als Form antizipierten

Misstrauens, die dysfunktionale Folgen für die wissenschaftliche Praxis hatte. *Andreas Pettenkofer* (Erfurt) entfaltete eine kultursoziologische Relektüre Hannah Arendts. Im Zentrum stand die Frage, wie die Plausibilität von Wissen und kulturprägenden Erzählungen verloren gehe. Im Kontrast zu genealogischen oder netzwerktheoretischen Erzählweisen plädierte Pettenkofer am Beispiel der Dreyfus-Affäre für Offenheit gegenüber kontingenten Brüchen. Arendt erzähle, im Gegensatz zu vielen kultursoziologischen Texten, eine Geschichte ohne klares Ende, ohne Anfang und ohne Höhepunkt. *Marian Pradella* (Siegen) stellte zwei Theoriekonzepte gegenüber: Chantal Mouffes agonistisches Politikverständnis und Jeffrey C. Alexanders Zivilsphärentheorie. Während Mouffe die Existenz eines »konstitutiven Außen« betont, imaginiert Alexander eine globale Zivilsphäre. Pradella zeigte, wie sich diese Differenz an aktuellen rechtspopulistischen Bewegungen bricht – und wie eine kultursoziologische Theoriebildung davon profitieren könnte, beide Perspektiven konzeptionell miteinander in Beziehung zu setzen.

Jörn Ahrens (Gießen) analysierte im Panel »Kolonialismus und Popularkultur« den Comic *Atar Gull* als Denkmedium postkolonialer Kritik. Am Beispiel der mimetischen Rache eines versklavten Protagonisten zeigte er, dass koloniale Machtverhältnisse selbst noch die Logik der Revolte strukturieren. Der Comic, so Ahrens, verweist nicht auf Befreiung, sondern auf die Unaufhebbarkeit kolonialer Codierungen – auch in deren Umkehrung.

Am zweiten Tag eröffnete *Catherine Gotschy* (Osnabrück) das Panel »(Kultur-)Soziologische Selbstbefragungen« mit einer metaphorologischen Rezeptionsgeschichte der Soziologie. In Anschluss an Hans Blumenberg argumentierte sie, dass wissenschaftliche Begriffsarbeit metaphorische Voraussetzungen habe und dass sich die Entwicklung (kultur-)soziologischen Denkens über deren historische Rekonstruktion erfassen ließe. Metaphern seien ein Zugang zur Untersuchung des Wirklichkeitszugangs von Soziolog*innen. *Markus Riepenhausen* (Osnabrück) untersuchte die Konstruktion von Zukunft in der Soziologie. Ausgehend von der Beobachtung einer epistemischen Reifikation des Zukünftigen, analysierte er die semantischen Verschiebungen in Erwartungs- und Entwurfsmodellen. Der moderne Zukunftsbegriff sei selbst ein Erzeugnis der Vergegenwärtigung – erst durch eine »Verzukünftigung der Gegenwart« würde soziologisches Zukunftsdenken reflexiv anschlussfähig.

Das Panel »Materialitäten« eröffnete *Leonard Beigel* (Regensburg) mit einer Analyse sogenannter »defensiver« beziehungsweise »feindlicher Architektur«. Er zeigte im Rekurs auf Foucault und Delitz, wie bestimmte architektonische Elemente – etwa Anti-Obdachlosen-Maßnahmen – nicht nur bestimmte Verhaltensweisen verunmöglichen und räumlich exkludieren, sondern auch gesellschaftliche Verhältnisse symbolisch reproduzieren. Die Architektur urbaner Räume wird so zum Vehikel sozialer Kontrolle und Ungleichheit. *Felix Neubauer* (Regensburg) thematisierte in seiner theoriegeleiteten Studie über die arktische Stadt Kiruna und die Sámi-Region Sápmi, wie Infrastrukturen und Extraktionsökonomien materielle Modi kollektiver Existenz formen. Mit Bezug auf neue Materialismen und Netzwerktheorien konzipierte er Architektur als Dispositiv sozial-ökologischer Transformationen. Infrastrukturen und Architektur begreift Neubauer zudem als Netzwerk von natürlichen, technischen und kulturellen Elementen und als Gefüge menschlicher und nicht-menschlicher Akteure.

Im letzten Panel »Sozialfiguren – Kommunikation – Medien(theorie)« analysierte *Eva-Maria Schultze* (Halle-Wittenberg) die politische Figur des Stars. Am Beispiel von Arnold Schwarzenegger und Wolodymyr Selenskyj rekonstruierte sie, wie massenmediale Attraktivität zur Ressource politischer Repräsentation werde. Der Starkult verleihe politischen Figuren symbolische Anschlussfähigkeit – sei aber auch eine Achillesferse politischer Legitimität. *Hannes Krämer* (Duisburg-Essen) untersuchte Pitches aus einer ethnomethodologischen Perspektive als performative Formate digitaler Arbeitskulturen. In ihnen verdichten sich Dramaturgien der Sichtbarkeit, Entscheidungslogiken und Simulationspraktiken. Krämer zeigte, dass »Readiness« – die performative Darstellung von Einsatzfähigkeit – nicht nur Produktqualität, sondern auch kulturelle Anschlussfähigkeit markiert.

Andreas Höntsch (Dresden) beendete die Tagung mit einem systemtheoretisch fundierten Beitrag, in dem er das Konzept der »Kopplung als Attribution« zur Diskussion stellte. Ausgangspunkt waren die Fragen, wie mediale Darstellungsformen in sozialen Systemen Zurechnungen von Handeln und Erleben ermöglichen und wie die Unterscheidung von Handeln/ Erleben selbst wiederum medientheoretisch bestimmt werden könne. In Auseinandersetzung mit Niklas Luhmann und exemplifiziert am Beispiel der Theorien von Harold Garfinkel und Pierre Bourdieu argumentierte Höntsch, dass Medien nicht nur Anschlusskommunikation sichern, sondern selbst auf vielfältige und reflexive Weise an der Attribution sozialer Sinnformen beteiligt sind.

Die diesjährige Tagung bestach durch eine ebenso offene wie pointierte Themenwahl und eine angenehme Atmosphäre, die Raum für intensive Diskussionen bot. Die hohe Anschlussfähigkeit der Beiträge – sowohl untereinander als auch an zentrale Fragen der Kultursoziologie – zeigte sich nicht zuletzt im regen Austausch zwischen etablierten Wissenschaftler*innen und dem wissenschaftlichen Nachwuchs. Die Tagung hat damit nicht nur wichtige Impulse für aktuelle kultursoziologische Debatten gesetzt, sondern auch hohe Erwartungen an künftige Veranstaltungen der Sektion geweckt.

Ekkehard Coenen

Sektion Wissenssoziologie

»Personalities, Pragmatic Affairs, and Playful Worlds ›On Multiple Realities‹ 1945–2025«. VII. Konferenz des *International Alfred Schutz Circle for Phenomenology and Interpretive Social Science* vom 24. bis 26. April 2025 in Wien

Achtzig Jahre nach der Veröffentlichung des Essays »On Multiple Realities« fand an der Universität Wien die VII. Konferenz des *International Alfred Schutz Circle* statt. Sie markierte eine symbolische Rückkehr in Schütz' Geburtsstadt, aus der er als jüdischer Intellektueller vertrieben wurde. Zugleich bot die Konferenz einen Moment der Rückbesinnung: Zum ersten Mal besuchte seine Enkelin Claudia Schutz Gahagan gemeinsam mit ihrer Tochter Ruby Wien und wandte sich in der Konferenzeröffnung mit einer persönlichen Ansprache an das erkennbar berührte Publikum.

Unter dem Titel »Personalities, Playful Worlds, and Pragmatic Affairs« versammelte die von Michaela Pfadenhauer, Theresa Vollmer und Miriam Aistleitner (alle Wien), Tilo Grenz (Thurgau) und Christopher Schlembach (St. Pölten) organisierte Tagung eine breite Vielfalt theoretischer, methodologischer, empirischer sowie historischer Perspektiven innerhalb des durch Schütz begründeten sozialwissenschaftlichen Zugangs. Ziel war es, in diesem Zusammenhang entwickelte Konzepte für gegenwärtige Wirklichkeiten nutzbar zu machen und kritisch zu hinterfragen. Einen Ausgangspunkt bildete sein Essay »On Multiple Realities« von 1945, in dem Schütz eine konstitutionstheoretische Analyse multipler Wirklichkeiten entwirft – neben der »Paramount Reality of Everyday Life« auch jene des Spiels, des Traums, der Literatur und der Theorie.

Angefragt waren Beiträge zu den sozialen Dimensionen von Persönlichkeit, der Beziehung zwischen Alltag und Wissenschaft – etwa im Vergleich zu postmodernen Theorieansätzen – und nicht zuletzt zu den Modifikationen der Wirkwelt durch Veränderungen der Bewusstseinsspannungen (»Attention à la Vie«) wie in spielerischen Grenzüberschreitungen etwa im Rahmen *kinästhetischen Denkens*. Dieses thematische Spektrum zeigte sich in knapp 90 englischsprachigen Vorträgen von Teilnehmenden aus verschiedenen wissenschaftlichen Disziplinen und über 25 Ländern von vier Kontinenten: Die Vorträge der parallel angesetzten 27 Sessions widmeten sich Themen wie »Finite Provinces«, »Person(ality)«, »Relevance«, »Education«, »Phenomenology, Intersubjectivity«, »Music, Sleep and Dream«, »Critique, Politics, Power, Conflict« oder »Media(lity)«.

Stellvertretend für viele sei die Session zu Religion ausgeführt, in der *Michael Staudigl* (Wien) im Rekurs auf die religiösen Provinzen des Sinns sowie die Dialektik pragmatischer Meisterschaft ein Neudenken religiöser Erfahrungen bei Schütz vorschlug. In derselben Session stellten *Oliver Strassheim* (Tokio) und *Yuko Katayama* (Keio) die Ergebnisse ihrer Untersuchung dazu vor, wie sich kosmologische Ordnungsvorstellungen in mittelalterlichen christlichen und Zen-buddhistischen Bauformen räumlich materialisieren. *Krzysztof Konecki* (Łódź), *Valerie Bentz* (Santa Barbara, Kalifornien) und *Evelyn T. Beck* (College Park, Maryland) kombinierten in ihrer Session »*Somatic Engagement: Yogic Movements, Breath Work and Sacred Circle Dance*« theoretische Reflexion mit performativer Praxis und tanzten gemeinsam mit den Sessionteilnehmer:innen eine Reihe von *Circle Dances*. Evelyn T. Beck verknüpfte des Weiteren ihre persönlichen Erfahrungen unter anderem der Flucht aus ihrer Geburtsstadt Wien mit ihrer Rezeption der Werke Frida Kahlos und Franz Kafkas. Aus dieser Verbindung von Biografie, gemeinsamem Tanz und ästhetischer Reflexion resultierten Momente geteilter Nachdenklichkeit, Rührung und gemeinsamen Lachens.

Ergänzt wurde die Themenvielfalt durch zwei Keynotes, in denen das Verhältnis von Subjektivität, Öffentlichkeit und Kollektivität perspektiviert wurde. *Sophie Loidolt* (Darmstadt) diskutierte in ihrer Keynote »Schütz and the Province of Meaning of the Public Sphere« die Frage, ob und wie eine Schützsche Phänomenologie des *Public Realm* möglich ist, und entwickelte, in Abgrenzung zu normativen Modellen deliberativer Öffentlichkeit, ein Konzept einer *Experiential Public*, die auf erfahrende Subjekte und deren leibliche Situiertheit fokussiert.

Hubert Knoblauch (Berlin) stellte in der zweiten Keynote unter dem Titel »Multiple Realities, Effervescence and the Problem of Collectivity« Schütz' Ansätze von Kollektivität in Verbindung von Transzendenzen heraus und verband sie mit Durkheims Ansatz der *Collective Effervescence*. Knoblauch perspektivierte Kollektivität dabei als subjektiv erlebte Formen kommunikativen Handelns in Verbindung mit durch Performativität hervorgebrachten kollektiven Objektivierungen und Objektivationen.[1]

Auf der Konferenz wurde auch der mit 1.000 US$ dotierte *Ilse Schutz Memorial Prize* für Nachwuchswissenschaftler:innen verliehen. Die Preisträger:innen im Jahr 2025 waren Daniel Gyollai (Kopenhagen) und Sabrina De Basio (Pisa), die mit ihrem Paper »Bartlett meets Schutz and Husserl: Relevance and the Horizons of Constructive Memory« die Jury überzeugten. Dieser Artikel wird neben anderen in dem mit dem Schutz Circle assoziierten Journal *Schutzian Research* erscheinen.

Für Kontinuität sorgte die Unterstützung des Executive Committee des *International Schutz Circle* im Vorfeld und während der Tagung, dem Jochen Dreher und Andreas Göttlich (beide Konstanz), Michael Barber (Saint Louis), Masato Kimura (Tokyo), Carlos Belvedere und Daniela López (beide Buenos Aires) angehören. Vor Ort haben Bachelorstudierende der Soziologie der Universität Wien die Konferenz so tatkräftig und engagiert unterstützt, dass sich die internationalen Gäste dezidiert für die gute Betreuung bedankt haben und der Ablauf reibungslos funktionieren konnte. Die Konferenz wurde dankenswerterweise durch die DGS und deren Sektionen Wissenssoziologie und Soziologiegeschichte, das Institut für Soziologie der Universität Wien, die Bertha von Suttner Privatuniversität St. Pölten, die ÖGS, den Vienna Meeting Fund (Wiener Tourismusverband) sowie durch die Kulturabteilung der Stadt Wien gefördert.

Nicht zuletzt wurde die Konferenz durch ein soziales Programm gerahmt: Der erste Konferenztag mündete in eine Reception mit Sektempfang, bei der viele Themen des Tages informell ausdiskutiert und soziale Verbindungen neugeknüpft oder aufgefrischt wurden. Im klassischen Wiener Kaffeehaus *Café Weimar* klang der zweite Konferenztag bei gemeinsamem Essen, Gesprächen und Wienerlied aus. Am dritten Tag konnten alle Teilnehmenden, die diese Gelegenheit an den vorangegangenen Tagen noch nicht genutzt hatten, an einem Stadtspaziergang teilnehmen, den Felicitas Konečny mit Christopher Schlembachs Unterstützung eigens für die Kon-

1 Beide Keynotes können unter https://www.schutzcircle.org abgerufen werden.

ferenz konzipiert hatte, um unter ihrer gemeinsamen Führung einige Wirkungsstätten Alfred Schütz' in Verbindung mit der geschichtsträchtigen Architektur Wiens näher kennenzulernen.

Die Diversität der Konferenzbeiträge und ihrer Perspektiven verdeutlichte eindrucksvoll die Themenvielfalt und breite Anwendbarkeit der phänomenologisch orientierten interpretativen Sozialwissenschaft. Diese Vielseitigkeit unterstreicht das fortbestehende Potenzial und die Relevanz dieser Theorie und Methodologie zur Analyse aktueller gesellschaftlicher Phänomene, Krisen – und nicht zuletzt: nicht gesehener Möglichkeiten.

Lucija Poljičanin

Arbeitskreis Diskursanalyse

Tagung »Die Diskursive Konstruktion von Wirklichkeit VI – Interdisziplinäre Perspektiven einer wissenssoziologischen Diskursforschung« am 27. und 28. März 2025 an der Universität Augsburg

Die internationale und zweisprachige Tagung des Arbeitskreises Diskursanalyse der Sektion Wissenssoziologie mit etwa 110 Teilnehmer:innen des Arbeitskreises Diskursanalyse der Sektion Wissenssoziologie setzte die in zweijährigem Abstand stattfindende Augsburger Tagungsreihe fort und erwies sich erneut als zentraler Ort für Diskussionen über Theorie, Methodologie und Inhalte sozialwissenschaftlicher Diskursforschung im deutschsprachigen Raum. Sie wurde von *Reiner Keller*, *Martin Blessinger*, *Claudia Foltyn* und *Amira Malik* für den Arbeitskreis organisiert und durch die Sektion Wissenssoziologie sowie die Gesellschaft der Freunde der Universität Augsburg e.V. gefördert. In vier Keynotes und knapp 50 Vorträgen diskutierten die Teilnehmer:innen verschiedene inhaltsbezogene Diskursfelder, Fragen theoretischer und methodischer Natur wie auch Subjektivierungs- und Situationsanalysen. Ergänzend gab es ein Rahmenprogramm mit gemeinsamem Abendessen am ersten Veranstaltungstag und einer Abschlussparty am zweiten. Das vollständige Programm ist online verfügbar; dieser Bericht kann lediglich einen Ausschnitt der Veranstaltung abbilden.

Angelika Poferl (Dortmund) eröffnete die Tagung mit einer Keynote zur Kosmopolitik der Interpretation und plädierte für eine methodologische Reflexion in der Soziologie, welche Ähnlichkeiten und vor allem Differenzen in Verstehens- und Interpretationsprozessen nicht nur anerkennt, sondern aktiv in den Forschungsprozess einbindet. Im Rahmen der Behandlung methodischer Herausforderungen diskutierten *Floris Biskamp*, *Julia Glathe* und *Hannah Hecker* (alle Tübingen) einen systematisch-methodischen Zugriff auf den Wandel normativer Sagbarkeitsgrenzen im öffentlichen Diskurs auf Grundlage eines diskurshistorischen Ansatzes. Bezogen auf Subjektivierung stellte *Nadja Puschke-Kubica* (Köln) ihre Untersuchungen bezüglich junger Menschen auf dem Autismus-Spektrum vor, die sich in der Phase des Übergangs zum Berufsleben befinden und arbeitete ein Spannungsfeld heraus, das von der Selbstermächtigung durch Selbsttechniken bis hin zu einer maximalen Unterwerfung *unter* gesellschaftlich konstruierte Deutungsmuster reicht. *Dušan Ristić* (Graz) referierte über die Digitalisierung musealer Praktiken, die nicht nur widersprüchlich verhandelt werden, sondern auch tief in größere gesellschaftliche Aushandlungsprozesse eingebettet sind. Dabei bediente er sich einer Mischung aus Online-Datenanalyse, Situationsanalyse, wissenssoziologischer Diskursanalyse (WDA) und der archäologischen Methode nach Foucault. *Astrid Schulz* (Aachen) sprach über die Unsicherheiten im Verlauf der Covid-19 Pandemie. Die verschiedenen Perspektiven auf die Risiken des Virus sowie auf die Angemessenheit diverser Maßnahmen halten sich bis heute, wie im journalistischen ›Pandemic Storytelling‹ deutlich wird.

Auf der Tagung wurden ebenfalls Forschungsprojekte im Rahmen von Diskursanalysen zu Umweltproblemen vorgestellt. *Daniel Bräunling* (Seebach / Schwarzwald) setzte sich mit der Konstruktion des Begriffs der Biodiversität auseinander und verhandelte das Spannungsverhältnis von ökonomischer Verwertungslogik und ökologischen Schutzansprüchen, das Landwirt:innen unter steigenden Rechtfertigungsdruck für bisher legitime Praktiken stellt. Über die Verbindung von Stadt und Umwelteinflüssen referierte *Leonie Reuter* (Berlin) in ihrem Projekt zu wasserbezogenen Risiken im Berlin des 19. Jahrhunderts. Sie arbeitete heraus, dass die Problematisierungen der Risiken städtischer Infrastruktur zu jener Zeit zur Ausbildung spezifischer Dispositive innerhalb infrastruktureller Transformationen führten. *Manabu Akagawa* (Tokyo) verhandelte auf Grundlage einer Kombination der theoretischen Grundannahmen der WDA mit der japanischen KJ-Methode die Beziehung zwischen Menschen und Katzen in der japanischen Gesellschaft als einen bedeutungsvollen Gegenstand diskursiver Analyse. Den ersten Tag schloss eine Keynote von *Francis Chateauraynaud* (Paris) ab, in der er neben der Präsentation seiner Arbeit bezüglich der Beobachtung von polyphonen Stimmen in Konflikten, auch für die Bedeutung des Zusammenhangs von ›Silencing‹ und Macht sensibilisierte.

Am folgenden Tag eröffnete *Annette Knaut* (Berlin) die Tagung mit einer Keynote in der sie ›Imaginaries‹ als kollektive Vorstellungen sozialer Wirklichkeit diskutierte, die sich in diskursiven wie auch nicht-diskursiven Praktiken verankern. Unter Rückgriff auf Charles Taylor stellte Knaut dann ›Social Imaginaries‹ als Ideen, Narrative oder kollektive Bilder vor, und diese als Metakonzepte mit analytischem Fokus auf Herkunft, Machtverhältnisse und Historizität. In einem anschließenden Stream referierte *Lina Brink* (Magdeburg-Stendal) über die Dichotomisierung in der Debatte zur Regulierung von Prostitution und stellte heraus, dass Wissenspolitiken als strategische Interventionen in Macht-/Wissensverhältnissen verstanden werden können. Die Thematik der Subjektivierung behandelte *Bettina Brredereck* (Frankfurt am Main) in ihrem Vortrag zum ›anpassungsfähigen Crossfit Subjekt‹. Sie zeigte auf, wie durch die Ausübung dieses Sports ein neues Subjekt geformt werden soll, welches sich in einer von Krisen und Unsicherheiten durchzogenen Welt behaupten kann. Hieran anschließend befasste sich *Martin Blessinger* (Augsburg) mit dem »Modellsubjekt der nachhaltigen Geldanlage«. In von ihm untersuchter Ratgeberliteratur wird der Versuch unternommen, einen nachhaltigen Umgang mit Geld und Investitionen zu konstruieren, der letztlich aber widersprüchlich bleibt. *Lisa Pfahl* (Innsbruck) reihte sich mit ihrer Keynote »Wie subjektivieren Diskurse?« ebenfalls in die Diskussion um das Subjekt ein. Sie kritisierte ein begrenztes Verständnis des Subjekts, das sich an der zu einfachen Alternative von ›Unterwerfung oder unterworfen werden‹ abarbeite. Pfahl schlug vor, den Leib als Teil von Subjektivierungsprozessen mit in den Blick zu nehmen, also das Körperindividuum als mit Agency ausgestatteten Ausgangspunkt und Produkt von Subjektivierung zu verstehen. *Gabriel Malli* (Graz) diskutierte Subjektivierungsprozesse im Bereich des Digital-Journalismus. Zu einem klassischen Aufklärungsanspruch kommt hier die neue Subjektposition des ›Creators‹ hinzu, der einer beschleunigenden und vereinheitlichenden Medienlandschaft gegenübersteht. Eine Gruppe um *Folke Brodersen* (Kiel) stellte das Konzept des adaptiven Subjekts im weiteren Kontext der Subjektivierungsforschung von Saša Bosančić als Konzept vor, das Subjektivierung als ein relationales, sowie spannungsvolles Zusammenspiel von Unterwerfung und Widerstand versteht.

Jana Schumann (Frankfurt an der Oder) plädierte in ihrem Vortrag über Postfaktizität und WDA dafür, Postfaktizität als eigenständige diskursive Formation zu begreifen und rief dazu auf, entsprechende Diskurse analytisch als alternative Wirklichkeiten zu verstehen. *Reiner Keller* (Augsburg) schloss die Tagung mit einem Vortrag, in welchem er vor der gegenwärtigen politisch-gesellschaftlichen Tendenz zu autoritär-dirigistischen Diskursregimen (wie aktuell etwa in den USA) warnte und die Diskursforschung zu einer stärkeren Auseinandersetzung mit entsprechenden Phänomenen aufrief. Er verband diesbezüglich die Frage nach der diskursiven Konstruktion von Wirklichkeiten mit einem Plädoyer für eine intensivere Untersuchung und kritische Analyse von Evidenzierungsstrategien. Im Fokus stehen Fragen wie: Wie wird situative Evidenz erzeugt? Was gilt als sag- beziehungsweise belegbar und wie haben sich die Formen des Belegens bei der Evidenzproduktion verschoben? Welche Rolle spielt die Vermischung von Faktizitätsbehauptungen und Affektpolitiken? Eine Folgetagung ist – ebenfalls an der Universität Augsburg – für das Frühjahr 2027 geplant.

Cedric Blei und Julian Burkert

»In bester Gesellschaft. Warum (nicht) Soziologie studieren«

Wenn soziologisch geschulte Menschen eine kollektive Angewohnheit haben, dann ist vermutlich die Fähigkeit (oder die Pathologie), ihren Alltag mit dem Begriffsrepertoire ihres Faches für sich und bei Gelegenheit für andere einzuordnen. In einem gemeinsamen Podcast »In bester Gesellschaft« diskutieren Nick Schmitt, Tom Horne und Stefan Kühl von der Universität Bielefeld in mehreren Folgen, weswegen ein Studium der Soziologie gleichzeitig so herausfordernd und so faszinierend ist. Dabei werfen sie immer wieder einen kritischen soziologischen Blick auf das Studium. Der Podcast richtet sich nicht nur an Interessierte am Studium der Soziologie, sondern eignet sich auch für Soziologiestudierende, die sich nach einigen Semestern die Sinnfrage stellen.

In der ersten Folge besprechen die zwei Bielefelder Soziologiestudenten und der Soziologieprofessor, worauf man sich einlässt, wenn man Soziologie studiert: Die großen und kleinen Phänomene der sozialen Welt, ihren Weg ins Studium, warum das Soziologie-Studium häufig Spaß machen kann und es dennoch an vielen Stellen hakt. Was ist eigentlich Theorienpluralismus und warum sorgt er von vornherein für eine Überforderung bei allen, die den Studiengang beginnen? Was kann man tun, um einen ersten Überblick bezüglich der vielfältigen Studienstandorte zu bekommen?

Die zweite Folge behandelt die beiden dominierenden Veranstaltungsformate des Soziologiestudiums – Vorlesungen und Seminare – bezüglich ihrer Sinnhaftigkeit, Erfolge sowie Grenzen behandeln. Welchen Mehrwert bieten Vorlesungen noch? Wovon hängt das Gelingen einer Seminarinteraktion ab und durch welche Erwartungshaltung wird sie ruiniert? Von den Höhen und Tiefen des Eintauchens in soziologische Publikationen als auch dem immer wiederkehrenden Elend der eigenen Textproduktion handelt die dritte Folge. Welche Schreib- und Lesetechniken führen zum Erfolg und welche Quälereien sind mit ihnen verbunden? In der letzten Folge wird mit dem Vorurteil des angeblich schwierigen Übergangs in den Arbeitsmarkt aufgeräumt und es werden die vielfältigen Wege in die Berufswelt aufgezeigt.

Die Folgen sind über alle Podcast-Player verfügbar – unter anderem auch über diesen QR-Code (hier bei Spotify). Die Podcast Initiative ist mit der Hoffnung verbunden, weitere Podcasts mit gänzlich anderen Perspektiven auf das Soziologiestudium anzuregen. Dabei unterstützen die Initiatoren gerne.

Peter A. Berger Sektionspreis

Die Sektion Soziale Ungleichheit und Sozialstrukturanalyse vergibt alle zwei Jahre den Peter A. Berger Sektionspreis für herausragende Dissertationen. Der Preis soll die besondere Bedeutung des wissenschaftlichen Nachwuchses für die Erforschung sozialer Ungleichheit und Sozialstrukturanalyse zum Ausdruck bringen. Als langjähriger Sprecher der Sektion hat Peter A. Berger den breiten wissenschaftlichen Austausch über Schulen und Paradigmen der Sozialstruktur- und Ungleichheitsforschung hinweg gefördert und nicht zuletzt dem wissenschaftlichen Nachwuchs ein Forum für die Präsentation und Diskussion von laufenden und abgeschlossenen Promotionsprojekten geboten.

Der Preis wird in zweijährigem Turnus ausgeschrieben und ist mit 500 € dotiert. Ausgewählt wird der/die Preisträger/in aus hervorragenden Dissertationen, die einen innovativen Beitrag zur Theorie oder Empirie der sozialen Ungleichheit bzw. Sozialstrukturanalyse leisten.

Vorschlagsberechtigt sind alle promovierten Sektionsmitglieder, Selbstvorschläge sind ebenfalls möglich. Die Dissertationen (kumulative Dissertationen oder Monographien) können in deutscher oder englischer Sprache verfasst sein und müssen an einer Hochschule in Deutschland eingereicht worden sein. Für die diesjährige Auswahl können alle Arbeiten berücksichtigt werden, die zwischen 1. August 2023 und 31. Juli 2025 abgeschlossen wurden. Es zählt der auf der Promotionsurkunde vermerkte Zeitpunkt des Abschlusses des Promotionsverfahrens.

Den eingereichten Dissertationen sind hinzuzufügen: die Gutachten zur Arbeit, eine 5-seitige Zusammenfassung sowie eine 1-2-seitige Begründung des Beitrags der Dissertation zur Sozialstruktur- und Ungleichheitsforschung.

Über die Preisvergabe entscheidet eine Jury aus zwei Mitgliedern des Vorstands der Sektion sowie mindestens einem externen Mitglied der Sektion. Die Überreichung des Preises findet im Rahmen der Sektionstagungen statt und wird von einer kurzen Präsentation der prämierten Arbeit durch den/die Preisträger/in begleitet. Der diesjährige Preis soll im Rahmen der Frühjahrstagung der Sektion 2026 verliehen werden. Wir freuen uns auf Ihre Einreichungen bis **31. Oktober 2025** an:

Prof. Dr. Wiebke Schulz
E-Mail: wschulz@uni-bremen.de

Dr. Tim Sawert
E-Mail: tim.sawert@uni-mainz.de

Forschungspreis Ethnographie

Die Ethnographie als ein Ansatz, das Handeln von Menschen, deren Lebenswelten, Alltags- und institutionelle Praxis auf der Grundlage von mit teilnehmender Beobachtung kombinierten Verfahren zu untersuchen, ist in der heutigen empirischen Sozialforschung wohl etabliert. Ihre historischen Wurzeln führen auf die Traditionslinien der pragmatistischen und symbolisch-interaktionistischen Soziologie, der anthropologischen und ethnologischen Kulturanalyse sowie der soziologischen Erkundung von Alltags- und Sonderwelten zurück. In der gegenwärtigen Forschungslandschaft weist Ethnographie weit verzweigte Verbindungen auf – insbesondere zu Ansätzen, die dem Interpretativen Paradigma verpflichtet sind, sowie zu konventionellen und technologisch avancierten, performativen und reflexiven Methoden. Unbenommen der vielfältigen Binnendifferenzierungen kann ethnographisches Forschen jedoch auf zwei grundlegende, charakteristische Eigenschaften nicht verzichten: Konstitutiv ist die Haltung der wissenschaftlichen Neugier, die auch und gerade im vertraut Erscheinenden Überraschungen und Neues zu sehen vermag; unerlässlich sind die (nicht nur ›flanierende‹) Präsenz vor Ort und die (nicht nur punktuelle) temporäre Mitgliedschaft in den jeweiligen Feldern, die zu untersuchen sind. Ethnographisches Forschen heißt, sich der Fremdheit und dem Faszinosum sozialer Welten und Wirklichkeiten auszusetzen.

Die Sektion Wissenssoziologie lobt 2026 den zum sechsten Mal zu vergebenden *Forschungspreis Ethnographie* für innovative und herausragende Arbeiten auf dem Gebiet ethnographischer Sozialforschung aus. Der Preis ist mit 1.500 € dotiert und wird im Rahmen der in der Regel alle zwei Jahre durchgeführten »Feldarbeitstage« verliehen. Die Konferenzreihe wurde von Anne Honer unter dem Namen »Fuldaer Feldarbeitstage« gegründet. Die anstehenden 10. Feldarbeitstage haben Ort und Anbindung gewechselt und finden im Juni 2026 ein zweites Mal an der TU Dortmund statt.

Prämiert werden wissenschaftliche Veröffentlichungen (Monographien oder Aufsätze in deutscher oder englischer Sprache), die in den drei vor der Preisverleihung liegenden Kalenderjahren publiziert worden sind. Möglich sind Eigenbewerbungen und Bewerbungsvorschläge durch Dritte. Der Einreichung der Publikation (Aufsätze oder Bücher in 5-facher Ausfertigung) sind eine Begründung der Bewerbung beziehungsweise des Bewerbungsvorschlags sowie ein Lebenslauf und Schriftenverzeichnis der nominierten Person beizulegen. Ausgewählt wird die nachmalige Preisträgerin beziehungsweise der nachmalige Preisträger von einer Jury, der fünf Mitglieder der Sektion Wissenssoziologie angehören. Nominierungen zur aktuellen Ausschreibung sind bis **28. Februar 2026** zu richten an:

Prof. Dr. Angelika Poferl
Lehrstuhl für Allgemeine Soziologie
Fakultät Sozialwissenschaften
Technische Universität Dortmund
Emil-Figge-Str. 50
44227 Dortmund

Habilitationen

Dr. Marie-Kristin Döbler hat sich am 21. Juli 2025 an der Eberhard Karls Universität Tübingen habilitiert. Die Habilitationsschrift trägt den Titel »Freiheit und Sicherheit: Eine wissens- und praxissoziologische Analyse«. Die venia legendi lautet Soziologie.

Call for Papers

Vertrauen in der Polykrise

Frühjahrstagung der Sektion Soziale Indikatoren am 12. und 13. März 2026 in der Bundesanstalt für Arbeitsschutz und Arbeitsmedizin (BAuA) Berlin

Vertrauen gilt in der Soziologie als grundlegende Ressource für das Funktionieren hoch-differenzierter Gesellschaften, die für ein solidarisches Zusammenleben ebenso wichtig ist wie für ein erfolgreiches Wirtschaften und eine resiliente Demokratie. Die sogenannte Polykrise – die Überlagerung von wiederkehrenden Wirtschafts- und Gesundheitskrisen, geopolitischen Konflikten und globalen Bedrohungen wie der Klimakrise – stellt Individuen, Institutionen und Gesellschaften gleichermaßen vor enorme Herausforderungen. Das so wichtige Vertrauen in Systeme wie Politik, Wirtschaft und Wissenschaft muss heute unter erschwerten Bedingungen produziert und reproduziert werden.

In unserer Sektionstagung möchten wir die Rolle von Vertrauen in dieser multiple Krisenlage aus unterschiedlichen Perspektiven beleuchten. Im Fokus stehen dabei Fragen wie:

- Wie ist es aktuell um das soziale Vertrauen (in Mitmenschen und Gruppen) wie um das Institutionenvertrauen (in Organisationen, politische und staatliche Institutionen sowie gesellschaftliche Funktionssysteme) bestellt?
- Welchen potenziellen Adressaten von Vertrauen müssen im zeitlichen Vergleich Vertrauenseinbußen hinnehmen, welche konnten Vertrauensgewinne erzielen?
- Welchen Bevölkerungsgruppen fällt es in den heutigen Krisenzeiten schwerer als früher zu vertrauen, und welchen fällt es vielleicht sogar leichter?

- Welche individuellen und gesellschaftlichen Konsequenzen ergeben sich aus einem sich wandelnden – und möglicherweise schrumpfenden – Vertrauensvermögen?
- Welche Lösungsansätze und Best Practices gibt es, um Vertrauen aufzubauen, zu erhalten oder wiederherzustellen?

Willkommen sind sowohl quantitative als auch qualitative empirische Beiträge, die sich mit den oben genannten Fragen beschäftigen; nationale Fallstudien sind ebenso gerne gesehen wie ausgewählte Ländervergleiche oder europa- oder weltweite Vergleichsstudien. Auch konzeptionelle Beiträge mit klarem Bezug zum Vertrauen in der Polykrise und den oben genannten Fragestellungen sind herzlich eingeladen. Die Organisation der Tagung liegt bei Jan Delhey (OvGU Magdeburg), Ralf Himmelreicher (FU Berlin/BAuA) und Leonie Steckermeier (RPTU Kaiserslautern-Landau).

Wir bitten um die Einreichung von Abstracts (max. 350 Wörter) bis zum **31. Oktober 2025** an

Jan Delhey
E-Mail: j.delhey@ovgu.de

Ralf Himmelreicher
E-Mail: ralf.himmelreicher@fu-berlin.de und

Leonie Steckermeier
E-Mail: leonie.steckermeier@rptu.de

Thematischer NEPS-Call for Modules 2024. KI-basierte Systeme in Bildungskontexten: Nutzungsmotive, Wissen, Vertrauen

Im Rahmen des Nationalen Bildungspanels (NEPS) werden seit fünfzehn Jahren Daten zu Kompetenzentwicklung und Bildungsverläufen über den gesamten Lebenslauf erhoben und in sieben Startkohorten insgesamt über 70.000 Teilnehmende begleitet – von der frühen Kindheit bis ins hohe Erwachsenenalter. Das interdisziplinäre NEPS-Netzwerk stellt für die sieben Startkohorten, basierend auf der Rahmenkonzeption des Nationalen Bildungspanels (s.a. Blossfeld, Roßbach 2019; Artelt, Sixt 2023), Erhebungsdesigns und -inhalte zusammen.

»Bildung in einer digitalen Welt« ist ein Schwerpunkt im aktuellen wie auch geplanten Erhebungsprogramm der Startkohorten 6 (SC6) und 8 (SC8). Ziel ist es zum einen, die Entwicklung digitaler Kompetenzen zu beschreiben und Fragen nach Zusammenhängen mit der Entwicklung anderer Kompetenzen sowie mit Bildungsverläufen zu beantworten als auch Bildungserträge in den Blick zu nehmen. Zum anderen sollen Fragen nach Einflussfaktoren beantwortet und auch Erklärungsfaktoren für evtl. soziale Disparitäten gefunden werden. Dafür werden im NEPS digitale Kompetenzen und ICT-Literacy wiederkehrend über eigens entwickelte Tests erhoben. Darüber hinaus enthält das Befragungsprogramm Fragen zu digitaler Mediennutzung im privaten wie auch schulischen beziehungsweise beruflichen Alltag ebenso wie zu digitaler Sozialisation und Transformation. Auch Fragen zur Häufigkeit der Nutzung von KI-basierten Systemen sind vorgesehen (zum Beispiel zum Erstellen und Überarbeiten von Texten, Übersetzen und Verstehen von Fremdsprachen, Planen von Aufgaben und Projekten, Erhalt von Lösungsvorschlägen und Feedback, Erstellen und Bearbeiten von Bildern und zum Programmieren und Erstellen von Codes). Letzteres soll künftig um Fragen zu (bildungsbezogenen) Nutzungsmotiven und Wissen über KI-Systeme ergänzt werden. Darüber hinaus können auch Fragen zum Vertrauen in KI-Systeme eingereicht werden.

Der thematisch gebundene NEPS-Call for Modules 2024 adressiert Vorschläge zur Erfassung von Nutzungsmotiven, Wissen über und/oder Vertrauen in KI-basierte Systeme in Bildungskontexten im Umfang von 3 bis 5 Fragen für

- Startkohorte 6: im Erhebungsjahr 2028 bei Erwachsenen im Alter von 24 bis 69 Jahren mit einer Messwiederholung im Jahr 2032 via Onlinebefragung
- Startkohorte 8: im Erhebungsjahr 2028 bei Jugendlichen im Alter von etwa 17 Jahren ohne Messwiederholung
  - im außerschulischen Kontext via Onlinebefragung
  - in Klassenstufe 11 via computergestützte, selbstadministrierte Befragung im Klassenraum

Rahmenbedingungen und Anforderungen

- Zur Einreichung berechtigt sind Wissenschaftlerinnen und Wissenschaftler, die einer Forschungseinrichtung angehören, selbst jedoch nicht Teil des NEPS-Netzwerks sind.

- Der Vorschlag kann für eine oder beide Startkohorten gemacht werden, wobei es auch unterschiedliche Vorschläge für die beiden Startkohorten geben kann.
- Der Vorschlag muss sich an alle Teilnehmenden einer Startkohorte richten.
- Wünschenswert sind Belege zur Fragen- beziehungsweise Skalenqualität.
- Die Fragen sollten keinen spezifischen Markennamen enthalten, sondern eher auf allgemeine Anwendungsdimensionen (zum Beispiel Texterstellung, Übersetzungen etc.) abzielen.
- Vor Itemeinreichung (siehe Meilensteine der Erhebungen im Zeitplan) werden die Fragen in Rücksprache gegebenenfalls auf allgemeine NEPS-Standards mit Blick auf Rechtschreibung und Gendering angepasst.
- Für den Zeitraum der Implementation, Feldzeit und Datenaufbereitung muss eine Ansprechperson zur Verfügung stehen.
- Die entwickelten Fragen werden zur Veröffentlichung in den NEPS-Befragungsinstrumenten (Open Access) überlassen.
- Die Dokumentation der Fragen auf Basis der Daten aus dem Scientific-Use-File (SUF) erfolgt über eine Veröffentlichung durch die Autor:innen in der Reihe NEPS Survey Papers.

Auswahlkriterien

- Thematische Passung zum Call
- Vorschlag nutzt den Daten und der jeweiligen Startkohorte

Kontakt:

Dr. Michaela Sixt
E-Mail: neps-development@lifbi.de

Tagungen

Social Waters – im sozialwissenschaftlichen Dialog

Workshop am 17. und 18. Oktober 2025 in Jena

Wasser ist weit mehr als eine bloße Ressource oder ein chemisches Element. Es ist eine »hydrosoziale Tatsache«, in der materielle und soziale Dimensionen nicht getrennt, sondern wechselseitig durchdrungen sind. Diese Perspektive lenkt den Blick auf die komplexe Materialität von Wasser, das beispielsweise als »uncooperative commodity« (Bakker 2003) auftritt und aufgrund seiner chemischen Eigenschaften – etwa die hohe Löslichkeit von Stoffen – spezifische soziale Praktiken und materialisierte Infrastrukturen erfordert. Zugleich beeinflusst Wasser als Naturkraft gesellschaftliche Strukturen, wie Karl August Wittfogel schon in den 1930ern in seiner Analyse hydraulischer Gesellschaften postulierte.

In der modernen westlichen Vorstellung wird Wasser im Besonderen wie Natur im Allgemeinen oft auf ein universales Konzept reduziert: »Modern Water« (Linton 2010), verstanden als H_2O, ist demnach ein abstraktes und global standardisiertes Objekt der Naturwissenschaften. Dieses Konzept entwickelte sich ab dem 18. Jahrhundert mit Antoine Laurent de Lavoisiers chemischer Analyse von Wasser und wurde durch die Etablierung der Hydrologie und des Wasserkreislaufkonzepts im frühen 20. Jahrhundert weiter gefestigt. Doch trotz dieser normierenden und abstrahierenden Kraft existiert auch innerhalb der westlichen Moderne eine Vielzahl von Wasservorstellungen und -realitäten. Wasser begegnet uns in ökonomischen, staatlich-administrativen, naturwissenschaftlichen, technologischen, ästhetischen und religiösen Kontexten in unterschiedlichster Form – es wird verschieden operationalisiert, abstrahiert, genutzt und verändert.

Während Wasser in vielen Forschungsfeldern wie etwa der Katastrophenforschung, der Meeressoziologie, aber auch sozialwissenschaftlicher Forschung zu Ernährung und Konsum eine Rolle spielt, konzentriert sich explizit wasserbezogene sozialwissenschaftliche Forschung häufig auf Konflikte im globalen Süden, bei denen unterschiedliche Wasservorstellungen und soziale Wirklichkeiten aufeinanderprallen. Der Workshop »Social Waters« zielt darauf ab, den Blick auf die westliche Moderne zu richten und zu untersuchen, wie hier trotz der dominanten Vorstellung eines »Modern Water« unterschiedliche Wasservorstellungen und -realitäten bestehen.

Die sozialwissenschaftliche Wasserforschung steht daher vor der Herausforderung, diese Multiplizität auch innerhalb der westlichen Moderne zu fassen. Eine zentrale Aufgabe für die Soziologie des Wassers ist es, die Komplexität hydrosozialer Tatsachen (Schulz, Gros 2024) in all ihren Facetten zu begreifen. Sozial- und Gesellschaftstheorien wie beispielsweise die Akteur-Netzwerk-Theorie, New Materialisms oder methodologische Ansätze wie die Situationsanalyse bieten vielversprechende Ansätze, um die Verschränkung von Wasser und Gesellschaft analytisch greifbar zu machen, aber auch die theoretischen und methodologischen Klassiker der Soziologie bieten vielleicht einen ungehobenen Schatz für die sozialwissenschaftliche Wasserforschung.

Geplant sind empirische sowie theoretische Beiträge, die sich mit den folgenden Fragen und Themen befassen:

1. *Hydrosozialität und Materialität:* Wie beeinflussen die materielle Beschaffenheit und die gesellschaftlichen Dimensionen von Wasser einander? Wie greifen dabei wasserbezogene Praktiken, Technologien, Infrastrukturen und Organisationen ineinander?
2. *Multiplizität von Wasservorstellungen:* Welche unterschiedlichen Wasservorstellungen und -praktiken existieren in der westlichen Moderne? Wie werden diese in verschiedenen Kontexten (zum Beispiel ökonomisch, politisch, ästhetisch oder religiös) geformt und operationalisiert?
3. *Gesellschaftliche Transformationen:* Welche sozial-ökologischen Konsequenzen folgen aus Veränderungen der Wasserverfügbarkeit und -qualität? Wie verändern sich Nutzungsweisen und Schutzanforderungen, und welche Konflikte resultieren daraus?
4. *Methodische Ansätze:* Welche Methoden eignen sich, um die Komplexität hydrosozialer Tatsachen zu erfassen? Wie können interdisziplinäre Perspektiven genutzt werden?
5. *Bausteine für eine Soziologie des Wassers:* Welche theoretischen und methodischen Ansätze sind vielversprechend, um eine Soziologie des Wassers zu entwickeln? Was spricht für und was gegen eine Soziologie des Wassers?

Der Workshop wird von den soziologischen Projekten am Thüringer Wasser-Innovationscluster (ThWIC) ausgerichtet. Er bietet eine Plattform, um Ergebnisse aktueller sozialwissenschaftlicher Wasserforschung vorzustellen, vergleichend zu diskutieren und Gemeinsamkeiten sowie Unterschiede in den Wasserwirklichkeiten herauszuarbeiten. Ziel ist es, gemeinsam Bausteine für eine Soziologie des Wassers zu entwickeln, die der Komplexität dieses Themas gerecht wird. Für weitere Informationen wenden Sie sich bitte an

Magdalena Riedl
E-Mail: magdalena.riedl@uni-jena.de und

Peter Schulz
E-Mail: schulz.peter@uni-jena.de

Gemeinsam forschen – Impulse aus Citizen Science, partizipativer und transdisziplinärer Forschung

PartWiss25-Konferenz vom 12. bis 14. November 2025 im Helmholtz-Zentrum für Umweltforschung – UFZ in Leipzig

Auf der PartWiss 25-Konferenz möchten wir vielfältige Erfahrungen zu guter Praxis vorstellen, Gelingensfaktoren diskutieren und gemeinsam Perspektiven für die Zukunft von Citizen Science, partizipativer und transdisziplinärer Forschung erarbeiten. Als »gemeinsame Forschung« bezeichnen wir in diesem Kontext die drei Bereiche Citizen Science, partizipative und transdisziplinäre Forschung. Dafür arbeiten verschiedene Akteur:innen in unterschiedlichen Disziplinen und Formaten zusammen, um neues Wissen zu schaffen und gesellschaftliche Probleme zu adressieren. Gemeinsames Forschen hat sich in den Natur-, Geistes- und Sozialwissenschaften, der Gesundheitsforschung bis hin zur partizipativen Technik-Entwicklung und Technikfolgenabschätzung etabliert. Die durch diese Forschungsmodi beteiligten Akteur:innen kommen aus der Zivilgesellschaft, Verbänden und Vereinen, Betrieben, Behörden und der Wissenschaft.

Die PartWiss 25 bietet die Möglichkeit, sich mit transdisziplinären und partizipativen Forschungsprojekten und Citizen Science-Akteur:innen auszutauschen und mit- und voneinander zu lernen Gemeinsam möchten wir Innovation und Wirksamkeit in Wissenschaft, Politik und Praxis ermöglichen. Wir laden alle Interessierten herzlich dazu ein, sich an der PartWiss 25 zu beteiligen, sich zu vernetzen, ihre Erfahrungen zu teilen, Herausforderungen zu diskutieren und gemeinsam Erfolge zu feiern. Die Tagung bietet verschiedene Formate als Grundlage für Diskussionen an:

Thematische Fachvorträge mit Bezug zu mindestens einem der diesjährigen Themenschwerpunkte oder offenen Themen

Lightning Talks, Kurzvorträge, die Denkanstöße oder einen prägnanten Überblick mit Bezug zu mindestens einem der diesjährigen Themenschwerpunkte oder offenen Themen geben

Poster zu Projektvorstellungen, wissenschaftlichen Ergebnissen oder Infrastrukturen mit Bezug zu den Themenschwerpunkten der PartWiss 25, die während der Poster Session vorgestellt werden und während der Konferenz im Foyer besichtigt werden können

Performances, künstlerische Darstellungen zu einem der Themenschwerpunkte der PartWiss 25; zum Beispiel Theaterstück, Comedy, Musik und Gesang, Videoinstallation

Marktplatzstände oder Exponate, d.h. auf Interaktion ausgerichtete Thementische im Rahmen der Marktplatz-Session mit Bezug zu einem der Themenschwerpunkte der PartWiss 25. Zum Beispiel können digitale wie analoge Werkzeuge und Methoden vorgestellt werden, die sich vor Ort demonstrieren und testen lassen, wie etwa Sensorik zum Ausprobieren

Weitere Informationen finden sich auf der Konferenz-Website:
www.partizipation-wissenschaft.de/konferenz_2025_leipzig

Generative AI & The Faces of Power

Workshop am 20. und 21. November 2025 am Weizenbaum-Institut, Berlin

Der Workshop befasst sich mit der Frage, wie die mit der generativen künstlichen Intelligenz verbundenen Machtverhältnisse konzeptualisiert werden können. Begleitet wird er von einem öffentlichen Impulsreferat von Rainer Mühlhoff (Universität Osnabrück)

Generative Künstliche Intelligenz (GenKI) durchdringt zunehmend zentrale gesellschaftliche Bereiche: Im Bildungsbereich schreiben Sprachmodelle Hausarbeiten mit, in der Kunst entstehen Bilder ohne menschliche Handführung, während in Journalismus und Marketing Inhalte automatisiert produziert werden. Auf Plattformen wie TikTok oder Instagram beeinflussen

KI-generierte Inhalte Sichtbarkeit und Aufmerksamkeit; es entstehen neue asymmetrische Abhängigkeiten und Missverständnisse in der Wissensproduktion, da GenKI vielmehr probabilistische und nicht zwingend inhaltlich-sinnhafte Outputs generiert; sie verändert politische wie kulturelle Repräsentationen und demokratische Entscheidungsfindung. In aktuellen wissenschaftlichen Diskursen und gesellschaftlichen Debatten wird entsprechend deutlich, dass KI-Systeme sowohl bestehende Ungleichheiten reproduzieren als auch neue Formen algorithmischer Autorität etablieren können – weshalb ihr Einsatz im Spannungsfeld von Freiheit, Emanzipation und (kollektiver) Selbstbehauptung wissenschaftlich begleitet wird. Generative KI zeigt sich dabei als soziales, politisches und kulturelles Phänomen, dessen vielfältige Machtverhältnisse in unterschiedlichsten Feldern analysiert werden – eine konzeptionelle Systematisierung der Dimensionen der Macht von generativer KI steht jedoch bislang aus.

Die Diskussion um GenKI thematisiert eine Vielzahl sich überlagernder Machtverhältnisse: ökonomische Konzentrationen, epistemische Autorität, algorithmische Kontrolle, koloniale Kontinuitäten und neue Formen digitaler Subjektivierung. Im Anschluss an Steven Lukes ließe sich daher von den zahlreichen »Gesichtern der Macht« im Kontext von GenKI sprechen, die im wissenschaftlichen Diskurs mit unterschiedlichen Konzepten – etwa *instrumentarian power*, *model power*, *recursive power*, *racial capitalism* oder *epistemic injustice* – beschrieben und analysiert werden. Bislang bleibt allerdings unklar und wurde noch nicht systematisch diskutiert, wie diese Machtverständnisse zueinander in Beziehung stehen, wo sie sich ergänzen, überschneiden oder widersprechen. Der Workshop möchte daher gezielt die Frage in den Mittelpunkt stellen, mit welchen Konzepten und Begriffen sich die Macht von GenKI systematisch konzeptualisieren ließe. Der Workshop versteht sich als Raum, in dem Perspektiven auf die Gesichter der Macht von GenKI in ihrer wechselseitigen Anschlussfähigkeit reflektiert und produktiv wie systematisierend aufeinander bezogen werden sollen. Dieses Raster soll ermöglichen, die Beziehungen zwischen Technologie, Subjekt und Gesellschaft präzise zu erfassen und so die sozialen, ökonomischen und politischen Macht- und Herrschaftsverhältnisse generativer KI kritisch zu reflektieren. Wir freuen uns daher über Beiträge, die mittels konzeptioneller, theoriebildender oder vergleichender Analysen an diese Fragen anknüpfen.

Der Workshop wird von Sebastian Berg, Jana Heim, Clara Iglesias Keller, Florian Irgmaier und Ann-Kathrin Koster organisiert. Fragen senden Sie bitte an workshop-generative-ai@wzb.eu.

Cedric Blei, Augsburg

Dr. Jenni Brichzin, Universität der Bundeswehr München, Fakultät für Sozialwissenschaften, Werner-Heisenberg-Weg 39, D-85579 Neubiberg, E-Mail: jennifer.brichzin@unibw.de

Prof. Dr. Ulrich Bröckling, Albert-Ludwigs-Universität Freiburg, Institut für Soziologie, Rempartstraße 15, D-79098 Freiburg, E-Mail: ulrich.broeck ling@soziologie.uni-freiburg.de

Julian Burkert, Augsburg

Dr. phil. Ekkehard Coenen, Fakultät Medien, Bauhaus-Universität Weimar, Bauhausstraße 11, D-99423 Weimar, E-Mail: ekkehard.coenen@uni-weimar.de

Dr. Ilona Pap, Universität Zürich, Soziologisches Institut, Andreasstraße 15, CH-8050 Zürich, E-Mail: pap@soziologie.uzh.ch

Lucija Poljičanin, B.A., Universität Wien, Institut für Soziologie, Rooseveltplatz 2, A-1090 Wien, E-Mail: lucija.poljicanin@univie.ac.at

Prof. David Stark, PhD., Columbia University, Department of Sociology, 620 W 122nd Street, New York, NY 10027, USA, E-Mail: dcs36@colum bia.edu

Dr. Antonia Velicu, Universität Zürich, Soziologisches Institut, Andreasstraße 15, CH-8050 Zürich, E-Mail: velicu@soziologie.uzh.ch

Jenni Brichzin
Die Demokratie der Soziologie

Die Soziologie hat ein Demokratieproblem: Zunehmend autoritäre Tendenzen machen die gesellschaftliche Bedeutung demokratischer Ordnung deutlich, doch der Disziplin fehlen die theoretischen Mittel, um diese Bedeutung adäquat zu erfassen. Die gesellschaftstheoretische Sprachlosigkeit der Soziologie gegenüber der Demokratie führt auch, so die zentrale These dieses Essays, zu einer problematischen Sozialvergessenheit der Demokratietheorie – einer fehlenden Fundierung gängiger Demokratieverständnisse in sozialen und gesellschaftlichen Prozessen. In Anschluss an Dewey, Popper, Arendt und andere wird vorgeschlagen, Demokratie nicht primär entlang der normativen Idee der Selbstregierung oder als Set tradierter politischer Institutionen (von Wahlsystemen über Parlamente bis zum Rechtsstaat) zu verstehen – sondern als spezifische Gesellschaftsformation: als Formation, die ihre eigene Offenheit für sozialen Wandel auf Dauer stellt, indem sie gegen gesellschaftliche Prozesse der Verfestigung, Verkrustung und Essentialisierung anarbeitet. Diese Interpretation wird durch einen Blick in die Geschichte der Demokratisierung gestützt, die sich als Geschichte der Institutionalisierung von Mechanismen zur Prävention sozialer Schließung begreifen lässt. Gesellschaftstheoretisch kann man so von Demokratie als Emergenzphänomen sprechen: als Resultat des Zusammenspiels derartiger Präventionsmechanismen (bzw. ihrer funktionalen Äquivalente) in verschiedenen gesellschaftlichen Ordnungsdimensionen.

Sociology has a problem with democracy: increasingly authoritarian tendencies highlight the social significance of democratic order, but the discipline lacks the theoretical tools to adequately grasp this significance. The central thesis of this essay is that sociology's lack of social theory language with regard to democracy also leads to a problematic social obliviousness in democratic theory – a lack of foundation for common understandings of democracy in social and societal processes. Following Dewey, Popper, Arendt, and others, it is proposed that democracy should not be understood primarily along the normative idea of self-government or as a set of traditional political institutions (from electoral systems to parliaments to the rule of law), but rather as a specific social formation: as a formation that permanently establishes its own openness to social change by working against social processes of consolidation, ossification, and essentialization. This interpretation is supported by a look at the history of democratization, which can be understood as the history of the institutionalization of mechanisms for preventing social closure. In terms of social theory, democracy can thus be described as an emergent phenomenon: the result of the interaction of such preventive mechanisms (or their functional equivalents) in various dimensions of social order.

Ulrich Bröckling
Lehren, was man nicht weiß

Ausgehend von der Figur des »unwissenden Lehrmeisters« formulierte der französische Pädagoge Joseph Jacotot in der Restaurationsphase vor der Juli-Revolution von 1830 ein radikales Programm intellektueller Emanzipation, das allen Didaktiken des Erklärens die Praxis egalitärer Selbstbildung entgegensetzte. Der Vortrag – die Abschiedsvorlesung des Verfassers – ruft diese Sozialfigur in Erinnerung, um aktuelle Fragen akademischer Lehre zu diskutieren. Unter Bedingungen der sich selbst destruierenden Zuspätmoderne, in der Katastrophenszenarien und Untergangsimaginationen diskursive wie affektive Macht gewinnen, plädiert er für ein Verständnis soziologischer Aufklärung, das kollektive Suchbewegungen initiiert und sich nicht gegen aufkommende Resignation, Trauer oder Wut abdichtet.

Based on the figure of the »ignorant teacher«, the French pedagogue Joseph Jacotot formulated a radical programme of intellectual emancipation in the restoration phase before the July Revolution of 1830, which countered all didactics of explanation with the practice of egalitarian self-education. The lecture – the author's farewell lecture – recalls this social figure in order to discuss current questions of academic teaching. Under conditions of self-destructive late modernity, in which catastrophe scenarios and imaginations of doom gain discursive and affective power, he pleads for an understanding of sociological enlightenment that initiates collective search movements and does not seal itself off against emerging resignation, grief or anger.

David Stark
»Wir brauchen neue Stimmen, exzellente Stimmen«

Der Text behandelt die Erstellung und Überarbeitung von wissenschaftlichen Arbeiten und betont, sich nur auf Informationen zu konzentrieren, die für das Verständnis des Arguments notwendig sind. Zugleich ist die Komprimierung von Ideen wichtig, um zentrale Konzepte prägnant auszudrücken. Konzepte sind klar zu benennen, um sie verständlich zu machen. Auch der Prozess der Titelerstellung und die Suche nach geeigneten Metaphern sind wichtig. Schließlich wird die Erfahrung des Autors mit dem Überarbeitungsprozess und den Reaktionen auf Gutachten thematisiert.

The text deals with the creation and revision of scientific papers and emphasizes focusing only on information that is necessary for understanding the argument. At the same time, it is important to summarize ideas in order to express key concepts concisely. Concepts must be clearly named to make them understandable. The process of title creation and the search for suitable metaphors are also important. Finally, the author's experience with the revision process and the reactions to reviews are thematized.

Ilona Pap, Antonia Velicu
Akademische Zufriedenheit: Wer bleibt, wer geht?

Der Beitrag diskutiert, wie Arbeitsbedingungen mit der Arbeitszufriedenheit von Wissenschaftler:innen an Hochschulen zusammenhängen und ob sich geschlechtsspezifische Unterschiede zeigen. Für Wissenschaftler:innen in Deutschland, Österreich und der Schweiz zeigt die Auswertung der Daten des »Zurich Survey of Academics« (2020, N = 13.459), dass der zunächst messbare Unterschied in der Arbeitszufriedenheit zwischen Männern und Frauen verschwindet, sobald Arbeitsbedingungen berücksichtigt werden. Arbeitszufriedenheit hängt eng mit Autonomie, Sinnhaftigkeit der Arbeit und einem kollegialen Umfeld zusammen, während hohe Arbeitsbelastung, niedrige Löhne sowie starker Publikations- und Drittmitteldruck negative Effekte haben. Zwischen den Geschlechtern zeigen sich Unterschiede: Entwicklungsmöglichkeiten steigern besonders bei Männern die Zufriedenheit, während Frauen unter Wettbewerbsdruck stärker leiden als Männer. Die Befunde verweisen auf strukturelle Ansatzpunkte zur Förderung von Zufriedenheit und Verbleib in der Wissenschaft.

This article discusses how working conditions are related to the job satisfaction of academics and whether gender differences emerge. For academics in Germany, Austria, and Switzerland, the analysis of data from the »Zurich Survey of Academics« (2020, N = 13,459) shows that the initially measurable difference in job satisfaction between men and women disappears once working conditions are taken into account. Job satisfaction is closely linked to autonomy, meaningful work, and a collegial environment, while high workloads, low pay, and strong publication and funding pressures have negative effects. Differences emerge in that men report higher satisfaction when they have better opportunities for advancement, while women report lower job satisfaction when experiencing competitive pressure, unlike men. The findings point to structural levers for fostering satisfaction and retention in academia.

Jahresinhaltsverzeichnis 2025

Soziologie in der Öffentlichkeit

Identität und Interdisziplinarität

Forschen, Lehren, Lernen

DGS-Nachrichten

Berichte aus den Sektionen und Arbeitsgruppen

Nachrichten aus der Soziologie

Autorinnen- und Autorenverzeichnis

Bitte berücksichtigen Sie folgende Hinweise zur Textgestaltung:

Verwenden Sie *Fußnoten* nur für inhaltliche Kommentare, nicht für bibliographische Angaben. Geben Sie *Literaturhinweise im Text* durch Nennung des Autorennamens, des Erscheinungsjahres und ggf. der Seitenzahl in Klammern. Zum Beispiel (König 1962: 17).

Bei *bis zu drei Autor:innen* geben Sie alle Namen an und trennen durch Kommata; bei *mehr als drei Autor:innen* ergänzen Sie den ersten Namen um »et al.«. Kennzeichnen Sie *mehrere Titel pro Autor:in* und Erscheinungsjahr durch Hinzufügung von a, b, c … (König 1962a, 1962b).

Mehrere, aufeinander folgende Literaturhinweise werden durch Semikolon getrennt (König 1962: 64; Berger, Luckmann 1974: 137)

In der *Literaturliste am Schluss des Manuskriptes* führen Sie alle zitierten Titel alphabetisch nach Autorennamen und je Autor:in nach Erscheinungsjahr (aufsteigend) geordnet auf, bei mehreren Autor:innen alle namentlich durch Schrägstrich getrennt nennen. Geben Sie Verlagsort und Verlag an.

Bücher: Luhmann, Niklas 1984: Soziale Systeme. Grundriss einer allgemeinen Theorie. Frankfurt am Main: Suhrkamp.

Zeitschriftenbeiträge: Müller-Benedict, Volker 2003: Modellierung in der Soziologie – heutige Fragestellungen und Perspektiven. SOZIOLOGIE, 32. Jg., Heft 1, 21–36.

Beiträge aus Sammelbänden: Lutz, Helma 2003: Leben in der Twilightzone. In Jutta Allmendinger (Hg.), Entstaatlichung und soziale Sicherheit. Opladen: Leske + Budrich, 254–266.

Internetquellen: Stark, Philip B. / Freishtat, Richard 2014: An Evaluation of Course Evaluations. ScienceOpen Research, doi: 10.14293/S2199-1006.1.SOREDU.AOFRQA.v1.

oder Steffen, Wiebke 2003: Polizeilich registrierte Gewalttaten junger Menschen: Grund zu Furcht und Sorge? Sozialwissenschaften und Berufspraxis, 26. Jg., Heft 2, 135–148. https://nbn-resolving.org/urn:nbn:de:0168-ssoar-38044. Letzter Aufruf am 27. April 2021.

Im Literaturverwaltungsprogramm *Citavi* können Sie unseren *Zitationsstil »Soziologie – Forum der Deutschen Gesellschaft für Soziologie«* nutzen. Fügen Sie Ihrem Manuskript bitte eine *deutsche* und eine *englische Zusammenfassung von maximal je 15 Zeilen*, sowie *Name, Titel* und *Korrespondenzadresse* bei. Schicken Sie Ihren Text bitte als .docx, .rtf oder .odt per E-Mail an die Redaktion der SOZIOLOGIE: soz-red@sozio.uni-leipzig.de.

Für *Berichte aus den Sektionen* beachten Sie bitte, dass der Text 7.500 Zeichen (inkl. Leerzeichen) nicht überschreiten sollte.